*Cornelia Funke*, geboren 1958, gilt als die »deutsche J. K. Rowling« und ist eine der erfolgreichsten und beliebtesten Kinderbuchautorinnen Deutschlands. Nach einer Ausbildung zur Diplompädagogin und einem Graphikstudium arbeitete sie zunächst als Illustratorin, doch schon bald begann sie, eigene Geschichten für Kinder und Jugendliche zu schreiben. Inzwischen begeistert sie mit ihren phantasievollen Romanen Fans in der ganzen Welt. Cornelia Funke lebt mit ihrer Familie in Kalifornien.

In der Fischer Schatzinsel erschienen von ihr auch ›Kein Keks für Kobolde‹ (gebunden und Bd. 80982) und die Bilderbücher ›Der geheimnisvolle Ritter Namenlos‹, mit Bildern von Kerstin Meyer, ›Die Glücksfee‹, mit Bildern von Sybille Hein, ›Wo das Glück wächst‹, mit Bildern von Regina Kehn, und ›Das Monster vom blauen Planeten‹, mit Bildern von Barbara Scholz, (alle gebunden).

Cornelia Funke

Hinter verzauberten Fenstern

Eine geheimnisvolle Adventsgeschichte

Mit Bildern der Autorin

Koloriert von
Yvonne Ziegenhals-Mohr

Fischer Taschenbuch Verlag

Fischer Schatzinsel
www.fischerschatzinsel.de

Zu diesem Buch ist im Igel Records Verlag
ein Hörbuch erschienen, das im Buchhandel erhältlich ist.

7. Auflage: Juni 2012

Veröffentlicht im Fischer Taschenbuch Verlag,
einem Unternehmen der S. Fischer Verlag GmbH,
Frankfurt am Main, Oktober 2009

© Fischer Taschenbuch Verlag GmbH,
Frankfurt am Main 1995
Gesamtherstellung: CPI – Clausen & Bosse, Leck
Printed in Germany
ISBN 978-3-596-80927-1

Nach den Regeln der neuen Rechtschreibung

Hinter verzauberten Fenstern

1.Kapitel

Der falsche Kalender

Draußen wurde es dunkel, und es schneite immer noch. Julia saß auf der Fensterbank und sah hinaus. Der Himmel war dunkelgrau, und die Bäume und Häuser sahen aus wie Scherenschnitte aus schwarzer Pappe. Nur die Fenster leuchteten gelb vom Lampenlicht oder blau von irgendeinem Fernseher. Ab und zu stapfte eine graue Gestalt mit hochgezogenen Schultern und eingezogenem Kopf unten auf der Straße vorbei. Aber ihre Mutter kam und kam nicht. Mindestens eine Stunde saß sie schon hier, drückte sich die Nase an der Scheibe platt und wartete.

Da kam wieder jemand. Julia beugte sich vor. Nein, die hatte einen Hund dabei. Wieder nichts. Zwei Kinder hüpften vorbei und verschwanden hinter einem Gartentor.

Dann war alles wieder still und leer. Nur die Schneeflocken fielen leise vom Himmel herunter und bedeckten die schwarzen Äste und die schwarzen Dächer, die dunklen Hecken, die graue Straße und die geparkten Autos, die unter dem Schnee wie dicke, geduckte Tiere aussahen.

Julia gähnte und presste die Nase wieder gegen die kalte Scheibe. Es ist doch immer dasselbe!, dachte sie. Wenn Mütter sagen, sie sind nur mal eben einkaufen, dann dauert's eine Ewigkeit, bis sie wieder da sind. Und dann haben sie meistens schlechte Laune.

Ihre Zimmertür ging auf, und das Licht ging an. Ärgerlich kniff Julia die Augen zusammen und sah sich um.

»Mach das Licht aus, Olli«, knurrte sie ihren jüngeren Bruder an.

»Wieso sitzt du hier im Dunkeln?«

»Weil ich nur so draußen was erkennen kann. Also mach das Licht aus!«

»Versteh ich nicht«, sagte Olli. Aber er machte das Licht aus und schloss die Tür. Julia hörte, wie er im Dunkeln auf sie zutappte.

»Ist es dir nicht unheimlich im Dunkeln?«, fragte er und krabbelte neben sie auf die Fensterbank.

»O verdammt, du Zwerg«, stöhnte Julia, »warum gehst du nicht in dein eigenes Zimmer?«

»Da unten seh ich nichts. Nur die blöde Hecke. Hier unterm Dach ist es viel schöner.« Olli rutschte ein bisschen näher an sie heran. Er hatte Angst im Dunkeln. »Wetten, ich weiß, worauf du wartest?«, sagte er.

»Na, sag schon.«

»Du wartest auf Mama.«

»Erraten«, sagte Julia. »Sie hat versprochen, mir einen Adventskalender mitzubringen.«

»Mir auch!«

»Dachte ich mir.«

»Was hast du dir für einen gewünscht?«

Eine voll gepackte Gestalt kam die Straße herunter. Die Mütze war die richtige. Die Jacke auch.

Endlich.

Julia sprang von der Fensterbank und lief durch das dunkle Zimmer zur Tür. Olli kam hinterher.

»Was für einen hast du dir gewünscht?« Ihr kleiner Bruder vergaß nie eine Frage.

»Einen mit Schokolade natürlich.«

»Ich auch.«

»Natürlich!«

Julia sprang die Treppe hinunter. Ihr Zimmer war das einzige unterm Dach. Zuerst hatte sie das gruselig gefunden, aber inzwischen gefiel es ihr. Sie nahm immer zwei Stufen auf einmal. Sie wusste, das konnte Olli ihr nicht nachmachen. Als sie atemlos die Haustür erreichte, hörte sie draußen ihre Mutter fluchen. Sie fand mal wieder den Schlüssel nicht.

Julia öffnete die Tür. Mama stand verfroren und zerzaust da, inmitten von vollgepackten Taschen und Tüten. Ihr einer Arm steckte bis zum Ellbogen in einer der Taschen und wühlte verzweifelt darin herum. »Stell schon mal was in die Küche«, stieß sie hervor und zog den Arm aus der Tasche. Ohne Schlüssel.

»Mama, hast du meinen Kalender?«, fragte Julia.

»Alles nach der Reihe. Ich darf doch wohl erst mal zu Atem kommen, oder?«

Schlechte Laune. Sie hatte schlechte Laune. Wie erwartet.

Wortlos schleppte Julia eine Tüte in die Küche. Olli hatte es plötzlich gar nicht eilig, die Treppe runterzukommen.

»Wo ist euer Vater?«

»Der hat sich nach der Arbeit hingelegt.«

»Hm.« Ihre Mutter nickte und zog sich die schneenassen Sachen aus. Sie schüttelte die letzten Schneeflocken aus ihrem kurzen, dunklen Haar und putzte sich die rote Nase. »So!«, sagte sie dann und rieb sich die Hände. »Jetzt mach ich mir erst mal einen Kaffee. Wollt ihr Kakao?«

Julia suchte mit den Augen die Taschen ab. »Mama, bitte! Wo ist der Kalender?«

Ihre Mutter ging zur Kaffeemaschine und goss Wasser hinein. »Eigentlich sollt ihr sie ja erst morgen bekommen«, sagte sie. Julia warf Olli einen verzweifelten Blick zu.

Der schaute grinsend zurück. Er verstand es meisterhaft, ihre Mutter um seinen klitzekleinen Finger zu wickeln. Und das wusste er. »Ach, Mama, bitte!«, sagte er. »Wir haben uns schon so darauf gefreut!«

Große, bittende Augen.

Schief gelegter Kopf.

Breites – oberbreites Lächeln.

Absolut unwiderstehlich!

Ihre Mutter drehte sich um, sah Olli an – und musste lachen. Er hatte mal wieder gewonnen.

Mama griff in die größte Tüte, zog vorsichtig zwei Kalender heraus und legte sie nebeneinander auf den Küchentisch.

Der eine sah fast genauso aus wie der, den Julia letztes Jahr bekommen hatte. Mit einem dicken Nikolaus und kleinen Engeln und Tieren und Tannenbäumen und einem Schlitten voller Geschenke. Na ja, eben wunderschön. Eindeutig ein dicker, fetter, herrlicher Schokoladenkalender.

Aber der andere – Julia runzelte die Stirn –, der andere sah komisch aus. Erstens war weit und breit nichts von einem Nikolaus zu sehen. Und es gab auch keine Engel oder Tiere. Es gab nur ein großes Haus. Ein blödes, dunkles Haus mit ein paar blöden Bäumen drum rum. Sonst nichts. Absolut nichts. Und zweitens – das war das Schlimmste, der Kalender war zu dünn. Julia fasste prüfend

die Kante an. Keine Frage. Da passte nicht mal das klitzekleinste Schokoladentäfelchen rein.

»So, der ist für dich«, sagte Mama.

Strahlend nahm Olli den dicken, fetten Schokoladenkalender entgegen.

Sie hatte es gewusst. Schon als Mama den komischen Kalender auf den Tisch gelegt hatte. Julia kniff die Lippen zusammen und warf ihrer Mutter den finstersten Blick zu, den sie zustande brachte.

»Und der hier ist für dich, Julia«, sagte Mama und lächelte dabei auch noch stolz.

»Das ist ja überhaupt kein Schokoladenkalender«, sagte Julia und verschränkte die Hände hinter dem Rücken. »Den will ich nicht.«

Ihre Mutter guckte furchtbar enttäuscht. »Aber ich dachte …«, sie hob ratlos die Augenbrauen, »ich dachte, du bist jetzt schon zu groß für diese …«

»Ich bin doch erst neun!«, sagte Julia empört und warf dem kleinen Bruder einen hasserfüllten Blick zu. Aber der strahlte sowieso bloß seinen Schokoladenkalender an.

»Ach, Julia«, sagte Mama tröstend und strich ihr übers Haar, »ich wollte dir doch eine Freude machen, ich …«

»Ich wollte aber einen Schokoladenkalender«, sagte Julia und starrte auf ihre Füße. »Er hat ja auch einen gekriegt!«

»Olli ist ja auch kleiner als du, und außerdem –, ach was!« Ihre Mutter drehte sich ärgerlich um und ging zurück zu ihrer Kaffeemaschine, schaufelte Massen von Kaffeepulver in den Filter und machte sie an. Das Ding fing fast sofort an zu blubbern und zu glucksen.

»Gib mir bitte mal einen Becher aus dem Schrank.« Julia ging zum Schrank und holte den Becher. Am liebsten hätte sie ihn auf dem blöden Kalender zerdeppert.

»Sieh ihn dir doch wenigstens mal an!«, sagte Mama.

Julia schüttelte den Kopf.

»Na, dann nicht!«, sagte Mama und knallte den leeren Becher auf den Tisch. Ihre Stimme klang überhaupt nicht mehr freundlich. »Dann hast du dieses Jahr eben keinen Kalender. Glaub bloß nicht, dass ich dir noch einen kaufe.«

»Mama, hängst du jetzt meinen Kalender auf?«, fragte Olli und grinste dabei triumphierend zu seiner großen Schwester hinüber.

»Ja, ich komme«, sagte ihre Mutter und ging zur

Tür. »Und du, Julia, gehst jetzt wohl besser nach oben in dein Zimmer und kühlst dich ab.« Und mit diesen unfreundlichen Worten drehte sie sich um und verschwand mit Olli in seinem Zimmer. Julia und der Kalender waren allein.

»Du blödes, hässliches Pappding!«, zischte sie und schubste ihn ein Stück über den Tisch. Dann rannte sie die Treppe hinauf in ihr Zimmer.

2. Kapitel

Das erste Fenster

Julia konnte nicht einschlafen.

Zum Abendessen war sie nicht runtergegangen und auch nicht zum Waschen. Nicht mal zum Fernsehen. Sie war wütend, enttäuscht und beleidigt. Sie hatte ihre Zimmertür abgeschlossen – mit dem Schlüssel, den sie für Notfälle hinter ihren Büchern versteckt hatte. Und dann hatte sie das Licht ausgemacht, sich aufs Fensterbrett gesetzt und hinausgestarrt auf die wirbelnden Flocken, den schwarzgrauen Himmel und die kahlen, schwarzen Bäume. Und sich vor Wut fast ein Loch in den Bauch geärgert. Als Mama sie zum Abendessen holen wollte, gab sie einfach keine Antwort. Und als Papa hochkam und sagte, sie solle jetzt, verdammt nochmal, rauskommen, sagte sie nur laut: »Ich will aber nicht!«

Ihre Eltern klopften noch zweimal. Sogar Olli kam und bot ihr die Schokolade aus einem seiner Türchen an. Wie großzügig! Aber sie schloss nicht auf. Schließlich ließen sie sie in Ruhe.

Und jetzt lag sie im Bett, starrte die Decke an und konnte nicht einschlafen. So ein Mist.

Im Haus rührte sich nichts mehr. Sogar ihre Eltern waren schon schlafen gegangen.

Julia setzte sich auf. Keiner würde merken, wenn sie sich den Kalender doch mal ansehen würde: Das war immer noch interessanter, als nur hier rumzuliegen und Löcher in die Decke zu starren.

Vorsichtig schob sie die Beine aus dem Bett. Brrr. Fast hätte sie sie gleich wieder zurückgezogen. Es war lausig kalt. Hastig schlüpfte sie in ihre Pantoffeln und zog sich den Morgenmantel an. Hellblau. Sie hatte einen roten gewollt. Aber Mama fand Blau hübscher. Na ja.

Leise, ganz leise schlich sie zur Tür. Der Holzboden knarrte etwas, und direkt unter ihrem Zimmer schliefen ihre Eltern. Vorsichtig drehte sie den Schlüssel im Schloss herum.

Besser, sie machte kein Licht an im Flur. Also im Dunkeln die Treppe hinunter und über den schmalen Flur zur Küchentür. Zum Glück stand sie offen.

In der Küche war es stockdunkel. Julia tastete mit

den Fingern über den Küchentisch, bis sie plötzlich die Pappe des Kalenders fühlte. Sie klemmte
sich das Ding unter den Arm und schlich genauso
lautlos zurück, wie sie gekommen war. Sie schloss
die Tür wieder hinter sich zu und knipste die
kleine Lampe neben ihrem Bett an. Dann kroch
sie schnell samt Morgenmantel unter ihre Decke.
Ein bisschen aufgeregt war sie nun doch, und
ein ganz kleines bisschen neugierig. Sie zog die
Knie an und lehnte den Kalender dagegen. Dann
begann sie ihn zu betrachten. Misstrauisch. Mit
grimmiger Miene.

Das eine stand schon mal fest. Er war groß. Viel größer als ein Schokoladenkalender.

Julia zog eine Hand unter der warmen Decke hervor und fuhr mit dem Finger über den silbernen Glitzerstaub, der überall auf dem Kalender war. Im Himmel, auf den Bäumen und auf dem Haus. Er glitzerte und schimmerte wie silberner Schnee.

Schön!, dachte Julia – und ärgerte sich darüber. Sie betrachtete das Haus. Es war schmal und hoch – so hoch, dass die kahlen Bäume drum herum gerade bis zur zweiten Fensterreihe reichten. Das Dach war sehr spitz und dunkelrot, mit großen Schornsteinen. Das Haus sah nett aus, aber auch ein bisschen traurig. Es sieht aus, als ob es friert, dachte Julia. Dreiundzwanzig Fenster hatte es und eine hohe dunkelblaue Tür.

Julia zählte acht Stockwerke.

Pah, solche Häuser gibt es überhaupt nicht, dachte sie, nirgendwo.

Auf jedem der geschlossenen Fenster war eine Zahl, groß und golden. Und auf der Tür prangte die 24. Die 1 war ganz oben – unter dem Dach. Bei Schokoladenkalendern waren die Zahlen ganz durcheinander. Aber bei diesem waren sie genau in der richtigen Reihenfolge.

Julia holte wieder ihre Finger unter der Decke hervor und fuhr damit über die Fensterrahmen. Sie hatte fast schon vergessen, dass sie den Kalender nicht leiden mochte.

So langsam begann sie eine Frage brennend zu interessieren: Was war hinter den dunklen Fenstern? Vielleicht die Bewohner von diesem komischen Haus? Sie ließ ihre kalten Finger wieder unter der Decke verschwinden und starrte von einem Fenster zum anderen. Was war dahinter?

Na, was schon, dachte sie, irgendwelche blöden Bilder!

Aber welche?

Bei einem Schokoladenkalender wusste man immer ungefähr, was hinter den Türchen war. Die Bilder waren ja nie besonders aufregend. Aufregend war nur die Schokolade. Obwohl sie immer ziemlich muffig schmeckte. Aber hier ... Was war bloß hinter den Fenstern? *Wer* war hinter den Fenstern?

Julia schob ihr Gesicht ganz nah an den Kalender heran, bis ihre Nase an die Pappe stieß. Und dann versuchte sie, in das Fenster mit der 1 zu schielen. Ging natürlich nicht.

Ärgerlich richtete Julia sich auf. So ein Blödsinn.

Sie tat ja so, als ob das ein wirkliches Haus wäre. Aber es war nur ein Pappkalender – nicht mal dick genug für Schokoladentäfelchen, geschweige denn für Zimmer.

Hm. Was war bloß auf den Bildern hinter den Fenstern? Eins könnte sie doch wenigstens mal aufmachen. Nur ein Stückchen, einen Spalt breit – damit sie es nach dem Hineinschielen gut wieder zubekam.

Julia sah auf ihren großen Wecker. Na bitte. Es war schon nach Mitternacht. Also war jetzt der erste Dezember.

Wieder wanderten ihre Hände von der Wärme in die Kälte. Nervös machte sie sich an dem Fenster mit der 1 zu schaffen. Den Fingernagel unter die Ecke, ein Griff mit dem Daumen – und das Fenster klappte auf.

Julia blickte in eine düstere Rumpelkammer. Ein paar Kartons, eine alte Badewanne mit Klauenfüßen, ein verschnürter Sack, jede Menge Gerümpel. Und an einem klapprigen Kleiderständer hing ein riesiger, schwarzer Mantel. Das war alles.

Julia starrte das Bild ungläubig an.

Der blöde Kalender hatte sie hereingelegt! Sie neugierig gemacht, ganz zappelig vor Neugier –

und dann das. Sie hatte von Anfang an recht gehabt. Es war ein blöder, langweiliger Schwachsinnskalender. Dachten die, die solche Kalender machten, etwa, Kinder fänden so was gut? Bilder von rumpeligen Dachböden statt Schokolade? Ärgerlich drückte Julia das Fenster wieder zu.

Ich werde ihn wieder in die Küche legen, dachte sie. Und morgen mach ich die 1 nochmal auf, und Mama wird sehen, was sie mir da gekauft hat. Sie schwang die Beine aus dem Bett, und der Kalender rutschte zu Boden.

Wie er glitzerte! Als wären tausend Sterne auf

ihren Teppich gefallen. Und das Haus sah so geheimnisvoll aus und so traurig. Und die 23 Fenster schienen alle etwas Wunderbares zu verbergen.

Julia zögerte. Dann stand sie auf, stellte einen Stuhl neben ihr Bett und lehnte den Kalender gegen die Stuhllehne. Danach kroch sie zurück unter die Decke und knipste das Licht aus.

Der Kalender funkelte und blitzte in der Dunkelheit. Na ja, dachte Julia müde, seine Bilder taugen nichts, aber glitzern tut er wirklich wunderschön. Und dann schlief sie endlich ein.

3. Kapitel

Der verschwundene Mantel

Als Julia am nächsten Morgen in die Küche kam, saßen die anderen drei schon am Frühstückstisch.

»Hallo«, sagte sie kleinlaut und schob sich auf ihren Stuhl.

»Hast du heute bessere Laune?«, fragte ihr Vater.

»Ja«, murmelte sie.

»So ein Aufstand wegen eines Schokoladenkalenders«, sagte Papa, schüttelte den Kopf und kippte seinen letzten Schluck Kaffee hinunter.

»Ich hoffe, so was machst du so schnell nicht wieder«, sagte Mama und goss ihr eine Tasse Kakao ein.

»Nein«, murmelte Julia. »Ich war nur so enttäuscht.«

»Na gut, vergessen wir die Sache«, sagte ihr Vater und stand auf. »Ich muss los. Bis heute Abend.«

»Bis heute Abend«, sagte ihre Mutter und begann den Tisch abzuräumen.

Olli warf Julia einen neugierigen Blick zu. »Dein Kalender ist weg«, sagte er. »Hast du ihn weggeschmissen?«

»Ich hab ihn oben«, sagte Julia und kaute lustlos auf ihrem Käsebrötchen herum.

Mama hob überrascht die Augenbrauen. »Ach, gefällt er dir plötzlich doch?«

»Er ist ganz hübsch.«

»In meinem war heute eine Schokoladenglocke«, sagte Olli. »Und in deinem?«

Mama warf ihm einen ärgerlichen Blick zu. »Hör auf, sie zu ärgern. Soll ich dir deinen Kalender noch schnell aufhängen, bevor ihr zur Schule müsst?«

Julia nickte. »Über meinem Bett.«

»Gut. Hast du das erste Türchen schon aufgemacht?«

Julia schüttelte den Kopf.

»Dann machen wir das gleich zusammen, ja?«

»Okay.« Julia dachte an die Rumpelkammer und verkniff sich ein Grinsen.

Olli sah sie misstrauisch an.

Der Kalender sah sehr schön aus über Julias Bett.

»Der glitzert ja«, bemerkte Olli neidisch.

»Nachts glitzert er noch mehr«, sagte Julia.

»Na, dann mach mal das erste Fenster auf«, sagte Mama. »Ihr müsst gleich los.«

Julia stellte sich auf ihr Bett und öffnete noch einmal das erste Fenster.

»Das ist ja nur ein Dachboden!«, sagte Mama und lehnte sich vor.

Julia stand stocksteif da und starrte das Bild an.

»Na ja«, Mama richtete sich wieder auf, »das nächste Bild ist bestimmt schöner. Sei nicht enttäuscht.«

»Macht nichts«, sagte Julia und starrte weiter das Bild an.

»So ein blödes Bild!«, sagte Olli.

»Komm du jetzt mit raus«, sagte Mama und schob ihren Sohn unsanft vor sich her aus dem Zimmer. »Julia kommt gleich nach.«

»Ja«, murmelte Julia und starrte das erste Kalenderbild an. Ihr Herz klopfte wie verrückt.

Der Mantel war weg.

Weg! Einfach weg!

Wo er nachts noch gehangen hatte, war jetzt nur ein leerer Kleiderbügel. Keine Spur von einem Mantel.

»Das gibt's nicht!« Julia stöhnte.

»Julia, es wird Zeit!«, rief ihre Mutter von unten.

»Ja, sofort«, rief sie zurück und krabbelte vom Bett runter.

An der Tür drehte sie sich noch einmal um und warf einen zweifelnden Blick auf ihren merkwürdigen Kalender. Dann knallte sie die Tür hinter sich zu und beschloss, den ganzen Tag nicht mehr über Dachböden, geheimnisvolle Fenster oder schwarze Mäntel nachzudenken.

Natürlich klappte das nicht. In der Schule, bei den Schularbeiten, beim Schneemannbauen mit Olli – nie ging ihr der Kalender aus dem Kopf.

Bei jeder Gelegenheit lief sie nach oben und sah sich das Bild an. Als Mama das Abendbrot machte, dachte Julia, sie könnte ruhig kurz nochmal nachgucken gehen.

»Bin gleich wieder da«, sagte sie und flitzte zum hundertsten Mal an diesem Tag die Treppe rauf in ihr Zimmer.

An der dunklen Wand über ihrem Bett leuchteten tausend kleine Punkte – und ein schmales Viereck. Das offene Fenster.

Julia knipste das Licht an und ging vorsichtig auf den Kalender zu.

Der Mantel war immer noch verschwunden, aber jetzt hing an dem Kleiderständer eine karierte Jacke mit einer Papierblume im Knopfloch.

»Ich werd verrückt!«, flüsterte Julia.

»He, du sollst zum Essen kommen!« Julia zuckte zusammen. Olli stand in der Tür. »Guckst du dir immer noch das blöde Bild an?«, fragte er. Neugierig kam er näher und schielte an Julia vorbei auf den Kalender.

»He, da hängt ja eine Jacke!«, sagte er, und seine dunklen Augen wurden rund wie Murmeln. »Heute Morgen war da keine Jacke!«

»Spinnst du?«, sagte Julia. »Natürlich war da eine. Komm jetzt, wir gehen runter.« Sie nahm ihren Bruder am Arm und zerrte ihn zur Tür. Der verdrehte seinen Kopf nach dem Kalender.

»Da war keine Jacke!«, sagte er wütend und riss seinen Arm los.

»Na gut, du hast recht«, sagte Julia. »Ich hab sie dazugemalt, damit das Bild nicht so leer aussieht. Komm jetzt!«

»Eine Jacke? Wieso denn eine Jacke?«

»Mir ist nichts anderes eingefallen«, sagte Julia ungeduldig. »Komm jetzt endlich. Und mach die Tür hinter dir zu.«

»So was Blödes«, sagte Olli und kam widerstrebend hinter ihr her. »Warum hast du nicht einen Nikolaus gemalt?«

»Ist mir eben nicht eingefallen«, sagte Julia und ging langsam die Treppe hinunter.

Sie hatte Angst, dass sich ihr Bruder doch nochmal umdrehen würde. Aber da brauchte sie sich keine Sorgen zu machen. Er überholte sie sogar mit seinen kurzen Beinen und schoss in die Küche.

»Mama!«, hörte sie ihn brüllen. »Julia hat in ihrem Kalender rumgemalt.«

»Na und?«, sagte ihre Mutter und warf Olli einen

ärgerlichen Blick zu. »Ist doch ihr Kalender. Was geht dich das an?«

Eins zu null für Julia.

Genüsslich biss sie in ihr Leberwurstbrot.

»Sie hat aber nur so 'ne blöde karierte Jacke auf das Bild gemalt«, sagte ihr Bruder mit beleidigter Miene.

»Na und?«

Olli merkte, dass es keinen Zweck hatte. Schmollend saß er vor seinem Teller. Wenn er nicht weiterwusste, versuchte er es immer mit Schmollen.

»Iss«, sagte Mama, »oder es gibt keinen Nachtisch.«

Julia verkniff sich ein Grinsen.

Olli biss in sein Brot und warf ihr einen seiner finsteren Blicke zu.

Während Julia ihren Schokoladenpudding löffelte, überlegte sie, ob es wirklich klug war, ihrer Mutter nichts von dem Mantel und der Jacke zu erzählen. Vielleicht war der Kalender ja gefährlich?

Ach was. Sie kratzte ihre Schüssel aus und leckte den Löffel ab. Olli warf ihr immer noch düstere Blicke zu. Sie streckte ihm die Zunge raus.

Nein. Sie würde keinem was erzählen.

Was sollte an einem Pappkalender schon gefährlich

sein? Sie hatte sich schon immer gewünscht, mal ein richtiges Geheimnis zu haben. Jetzt hatte sie eins. Und ein Geheimnis musste man geheim halten.

»Ich hab heute keine Lust zum Fernsehen«, sagte sie und stand auf. »Ich geh nach oben lesen.«

»Ist gut«, sagte Mama, »viel Spaß.«

Ollis Augen hingen an ihr wie Kletten. Julia ging gemächlich die Treppe hinauf. Damit ja keiner auf die Idee kam, sie hätte es eilig.

In ihrem Zimmer angekommen, holte sie erst mal ihren Geheimschlüssel aus dem Regal und schloss ab, damit Olli nicht plötzlich wieder in ihrem Zimmer stand. Dann krabbelte sie mit klopfendem Herzen auf ihr Bett und lugte in das offene Fenster.

Es war hell wie ein erleuchtetes Fenster in einem echten Haus.

Und da hing die Jacke. Rot und grün kariert. Aus der einen Tasche baumelte ein Taschentuchzipfel heraus, und der eine Ärmel hatte einen großen Flicken am Ellbogen.

Der, dem sie gehörte, dachte Julia und biss vor Aufregung auf ihren Fingernägeln herum, ist bestimmt hinter dem zweiten Fenster.

Sie sah auf ihren Wecker. Erst acht Uhr. Na und? Das war schließlich kein normaler Kalender. Also war es auch egal, wann sie das Fenster aufmachte.

»Julia?« Olli war vor der Tür. Sie hatte es gewusst. Im ›Lautlos-die-Treppe-Raufschleichen‹ war er Weltmeister. Er war furchtbar neugierig – vor allem auf Dinge, die große Schwestern machen.

»Was willst du?«

»Darf ich rein?«

»Nein.«

»Wieso nicht?«

»Ich lese.«

»Ich möchte deinen Kalender nochmal angucken.«

»Morgen.«

»Ich will aber jetzt!«

»Nein.«

»Du bist gemein!«

»Und du bist eine Nervensäge.«

»Ich sag Mama, dass du abgeschlossen hast.«

»Mach's doch.«

Stille. Er überlegte.

»Wenn du mich reinlässt, kannst du morgen die Schokolade aus meinem Kalender haben.«

»Nein danke.«

»Ich will doch nur mal gucken!«

»Nein.«

Unten ging eine Tür auf. »Olli, was machst du denn da oben?«

Das war Mama. Die Rettung.

»Ab ins Bett mit dir, aber schnell!«

Murrend trampelte Olli die Treppe runter.

Julia wartete, bis es im Flur wieder still war. Dann atmete sie noch einmal tief durch und öffnete das zweite Fenster.

4. Kapitel

Jakobus Jammernich

Nein, auch im zweiten Zimmer war niemand. Aber der schwarze Mantel war da. Er hing an einem Haken an der Wand. Zwischen den zwei vollgestopftesten Regalen, die Julia je gesehen hatte.

Ich verstehe überhaupt nichts mehr, dachte Julia. Wie kommt der hierher?

Was sonst noch auf dem Bild war, konnte sie kaum erkennen – so sehr wimmelte und wuselte es von tausend Dingen, die von der Decke hingen, sich auf dem Boden stapelten oder aus den Regalen quollen. Sie entdeckte jede Menge dicker Bücher und ein paar Gipsbüsten und einen Vollmond aus Papier an der Decke, der breit vor sich hin grinste und leuchtete. Aber sonst – die anderen Sachen waren einfach zu winzig!

Wenn das Fenster doch bloß nicht so klein wäre, dachte Julia.

Ihre Lupe! Die hatte sie ganz vergessen. Hastig

sprang sie vom Bett und wühlte in ihrem Regal herum. Da war sie! Schnell flitzte sie zurück.

Ja. Jetzt konnte sie sogar die Schrift auf den dickeren Büchern lesen. Sie hörten sich allesamt furchtbar kompliziert und sehr gelehrt an: Und da – zwischen den Büchern standen unzählige Dosen und Döschen mit Nägeln und Schrauben und ein großer Eimer Klebstoff.

Julia schaute und schaute.

Sie entdeckte eine kleine Erde, auf eine Nadel gespießt, und um sie herum kreiste auf einem hauchdünnen Draht ein klitzekleiner Mond. Daneben lagen in einem Pappkarton allerlei Werkzeuge – kleine Hämmer und Zangen und Schraubenzieher.

In einer Zimmerecke stand ein großer Holzglobus mit Meeren und Kontinenten, die Julia noch nie gesehen hatte.

Aber das Aufregendste, was sie entdeckte, waren die kleinen Flugmaschinen, die an dünnen Fäden von der Decke baumelten. Einige waren aus Pappe, andere aus Holz oder aus Metall. Manche waren nicht größer als Julias Spielzeugautos, und andere hatten Flügel, die so lang waren wie ihr Arm.

Unter der Lupe wurden sie so groß, dass Julia sogar kleine Knöpfe und Hebel erkennen konnte.

Als ob man sie berühren könnte, dachte sie und stupste mit ihrem Finger gegen einen kleinen Propeller. Er begann sich zu drehen.

Erschrocken zuckte Julia zurück und ließ die Lupe fallen. Als sie sich bückte, um sie aufzuheben, blickte sie auf einen bunt gemusterten Teppich. »Du meine Güte!«, flüsterte sie und berührte ihre Zehen. Es waren eindeutig ihre Füße, die da auf dem fremden Teppich standen. Vorsichtig hob sie den Kopf und sah sich um. Da waren die vollgepackten Regale. Da in der Ecke stand der merkwürdige Globus. Und über ihrem Kopf hingen die wunderbaren Flugmaschinen. Eine schwebte sogar direkt vor ihrer Nase.

Julia drehte sich um. Sie blickte durch ein offenes Fenster in ihr Zimmer. Oje!, dachte sie und begann, auf ihren Fingernägeln zu kauen. »Ich stecke in meinem eigenen Kalender!« Ihr Herz klopfte schnell und schneller. Plötzlich öffnete sich links von ihr eine Tür, und ein kleiner Mann mit einer riesigen Blumenvase kam hereingestolpert. Julia sah nur ein paar sehr kurze Beine in zerschlissenen, grauen Hosen und einen kleinen, kugelrunden Bauch, der in einer viel zu engen Jacke steckte. Von einem Kopf war hinter dem Blumenstrauß nicht viel zu erkennen. Ohne Julia zu bemerken, taumelte der kleine Mann mit seiner schweren Last durchs Zimmer und steuerte dabei direkt auf eine Wand zu.

»Entschuldigung«, sagte Julia, »aber Sie laufen gleich gegen die Wand!«

Der kleine Mann fuhr herum und ließ mit einem Aufschrei die Vase fallen. Sie landete mit einem dumpfen Knall auf dem Teppich und zerbrach in tausend Stücke. Der Mann hatte ein nettes Gesicht, allerdings mit einer sehr großen Nase, und auf dem Kopf thronte eine silbrig schimmernde Lockenperücke. Sprachlos starrte er Julia an, während das Wasser aus der zersprungenen Vase um seine Füße eine kleine Pfütze bildete.

»Guten Tag, ich meine, guten Abend«, sagte Julia und bekam vor Verlegenheit und Aufregung einen knallroten Kopf.

Der kleine Mann starrte sie immer noch aus kugelrunden, braunen Augen an. Seine Perücke war etwas zu groß für ihn und hing ihm bis über die Augenbrauen.

»Ich wollte Sie nicht erschrecken!«, sagte Julia.

Der kleine Mann begann mit vorsichtigen Schritten auf sie zuzugehen. Nur einen Meter vor ihr blieb er stehen. Unter seiner großen Nase begann sich ein Lächeln auszubreiten. Schließlich reichte es von einem Ohr bis zum anderen. »Du bist aus dem Zimmer gekommen, nicht wahr?«, fragte er mit leiser Stimme und zeigte auf das offene Fenster.

Julia nickte.

Der kleine Mann machte eine tiefe Verbeugung, wobei er mit einer Hand die Perücke festhielt. Dann ergriff er Julias Hand und schüttelte sie überschwänglich. »Ich freue mich ja so!«, rief er. »Gestatten, mein Name ist Jakobus Jammernich, von Beruf Flugmaschinenerfinder. Seit heute Morgen hatte ich die winzige Hoffnung, dass du kommst. Seit ich oben auf dem Dachboden das offene Fenster entdeckt habe.« Er wies mit dem Kopf auf die zersprungene Vase. »Ich war gerade dabei, es hier ein bisschen schön zu machen, aber – schwups – schon warst du da! Oh! Es ist so eine Freude! Darf ich fragen, wie dein Name ist?«

»Ich heiße Julia«, sagte Julia, »Julia Schultze.«

»Ah! Welch ein wundervoller Name!«, sagte Jakobus und strahlte über sein ganzes langes Gesicht.

»Ich kann es immer noch nicht fassen. Es ist so eine Ehre für mich. Die erste Besucherin seit so vielen Jahren in meiner Wohnung! Eine unbeschreibliche, unglaublich wunderbare, absolut unermessliche Ehre!« Und er verbeugte sich gleich noch einmal, wobei er vor lauter Aufregung vergaß, seine Perücke festzuhalten. Sie plumpste auf den Teppich, und Jakobus Jammernichs völlig kahler Schädel kam zum Vorschein.

»O Verzeihung«, sagte der kleine Mann und stülpte sich die silberne Lockenpracht wieder auf den Kopf. Sein strahlendes Lächeln verschwand dabei auch nicht einen Augenblick lang. »Das ist die Freude, die große Freude, weißt du.« Und wie zum Beweis wischte er sich eine Freudenträne von der Nasenspitze.

Julia war furchtbar verlegen. So eine Begrüßung hatte sie noch nie erlebt.

»Danke schön!«, stammelte sie. »Danke schön, lieber Herr Jammernich.«

»Jakobus«, sagte der kleine Erfinder. »Bitte nenne mich Jakobus. Es würde mich sehr freuen. Alle meine Freunde nennen mich so.«

»Gern«, sagte Julia, »lieber Herr Jakobus ... ich meine ... lieber Jakobus.«

»Du bist noch ein bisschen durcheinander, nicht wahr?«, fragte der kleine Erfinder.

»Ja«, sagte Julia, »aber ich freue mich sehr, hier zu sein. Obwohl ich keine Ahnung habe, wie ich hier reingeraten bin.«

»Oh, das ist ziemlich einfach«, sagte Jakobus Jammernich, »du hast ein Fenster geöffnet und lange genug hineingesehen. Wenn du nachher wieder nach Hause willst, brauchst du nur durch das Fenster zu schauen und schwups liegst du in deinem Bett. Aber«, der kleine Mann warf Julia einen besorgten Blick zu, »du bleibst doch noch, oder?«

»Aber natürlich. Sehr gerne«, sagte Julia.

»Da bin ich aber froh.« Jakobus seufzte erleichtert. »Du musst wissen, du bist der erste Gast in diesem Haus seit vielen, vielen Jahren. Du kannst dir gar nicht vorstellen, wie lange wir schon darauf warten, dass sich endlich einmal wieder eins der Fenster öffnet und jemand zu uns hereinschaut. Es war so furchtbar, all die Jahre immer vergebens zu warten. Wir hatten schon alle Hoffnung verloren.«

»Wir?«, fragte Julia.

»Ja, natürlich«, sagte Jakobus. »Alle, die hier wohnen. Was wird das eine Freude sein, wenn ich ihnen erzähle, dass endlich wieder ein Kind aus der anderen Welt zu Gast bei uns ist. Ich kann es kaum erwarten!« Jakobus klatschte voll Vorfreude in die Hände. »Moment, ich werde nur mal eben eine neue Vase für die Blumen holen!« Eilig huschte der kleine Mann nach nebenan.

Als er mit einer großen, roten Vase wiederkam, war Julia gerade dabei, sich den großen Globus anzusehen. Jakobus hockte sich auf den feuchten Teppich und begann die Blumen aufzusammeln.

»Ich erkenne hier überhaupt nichts«, sagte Julia ratlos.

»Das kannst du ja auch nicht«, sagte Jakobus kichernd. »Das ist ein Globus von unserer Welt, ich zeige dir, wo wir sind.« Der kleine Mann wischte sich die nassen Hände an seiner Hose ab und stand auf. »Da«, sagte er und legte einen Finger auf die Holzkugel, »da ist das Königreich der Kalenderhäuser. Und dieser winzige, blaue Punkt ist der See, an dem dieses Haus liegt. Siehst du?«

»Ich würde zu gerne mal nach draußen gucken«, sagte Julia, »aber durch das Fenster sieht man ja nur mein Zimmer.«

»Tja, das ist nun mal ein Kalenderfenster«, sagte Jakobus, »aber vom Dachboden aus kannst du hinaussehen. Willst du?«

Julia nickte.

»Gut«, sagte Jakobus. »Dann hole ich die Leiter.«

»Das ist unsere Welt«, sagte Jakobus. »Viel ist jetzt natürlich nicht zu erkennen. Aber tagsüber kann man von hier oben viele Meilen weit sehen.«

Er und Julia standen vor einem kleinen Dachfenster und sahen hinaus. Weit, weit unten schimmerte das Eis des zugefrorenen Sees im Sternenlicht.

»Ich habe noch nie so viele Sterne gesehen«, sagte Julia.

»Dann wohnst du bestimmt in einer Stadt, oder?

Wo viele Lichter sind, sieht man die Sterne nicht so gut.« Jakobus gähnte. »Oh, entschuldige, ich fürchte, ich werde etwas müde.«

»Ich glaube, ich auch«, sagte Julia und gähnte ebenfalls.

»Dann lass uns wieder nach unten steigen«, meinte Jakobus und drehte sich um. »Ich will dir noch etwas geben, bevor du nach Hause gehst.«

Julia warf einen Blick auf die Kartons und den alten Kleiderständer mit der karierten Jacke. Nachdenklich strich sie mit den Fingerspitzen über den dünnen Stoff: »Ist das deine Jacke, Jakobus?«, fragte sie.

»Ja, das ist meine Sommerjacke«, sagte der kleine Mann und begann die alte Holzleiter hinunterzusteigen. »Im Winter häng ich sie immer hier auf.«

»Ach so«, sagte Julia.

»Kommst du?«, fragte Jakobus.

»Ja.« Vorsichtig kletterte Julia hinter dem kleinen Mann her: Jakobus hüpfte von der letzten Sprosse zu Boden, stellte sich auf die Zehenspitzen und pflückte eine der kleinen Flugmaschinen von der Decke. »Das möchte ich dir schenken.« Der kleine Mann hielt Julia verlegen das schimmernde Ding entgegen.

»Das ist wunderschön!«, sagte Julia. »Wunder-wunderschön!«

»Es ist aus einer Konservendose gemacht«, sagte Jakobus, »und es fliegt wirklich. Pass auf.«

Er drückte auf einen winzigen Knopf; und das Maschinchen schwang sich schnurrend von seiner Hand in die Luft. Es flog eine kleine, wacklige Runde einmal um die staunende Julia herum und landete wieder in der Hand seines Erfinders.

»Gefällt sie dir?«, fragte Jakobus.

»O ja!«, sagte Julia und nahm das schimmernde Ding andächtig entgegen. »Vielen, vielen Dank!«

»Ich würde mich sehr freuen«, sagte Jakobus und sah verlegen auf seine Füße, »wenn du morgen wiederkommst. Meinst du, dass du Lust dazu hast?«

»Ich komme ganz bestimmt«, sagte Julia. »Großes Ehrenwort.«

Der kleine Erfinder strahlte übers ganze Gesicht. »Dann bis morgen«, sagte er. »Und ich wünsche dir schöne Träume heute Nacht.«

Julia stand auf ihrem Bett und sah sich um. Jakobus hatte recht gehabt. Sie hatte sich nur vor das Kalenderfenster gestellt und lange genug in ihr

Zimmer geschaut, und schwups war sie wieder hier. Unglaublich.

Sie drehte sich zum Kalender um. Aber die Fenster waren dunkel. Jakobus Jammernich war zu Bett gegangen. Julia blickte auf die kleine Flugmaschine in ihrer Hand. Vorsichtig drückte sie auf den Knopf. Das kleine Ding brummte und bebte wie eine dicke Hummel, flog eine Runde durch Julias Zimmer und landete brav wieder in ihrer Hand. Zärtlich strich Julia mit dem Finger über die glänzenden Flügel.

Dann sah sie sich stirnrunzelnd in ihrem Zimmer um. Wo konnte sie ihren Schatz verstecken? Am besten ganz oben im Regal hinter den Büchern. Da kam sogar sie nur mit dem Stuhl dran. Also war das Versteck für Olli absolut unerreichbar. Gedacht, getan. Zufrieden zog sie sich aus, knipste das Licht aus und kroch in ihr Bett. Der Kalender über ihr glitzerte und funkelte wie in der Nacht zuvor.

Was für ein Abenteuer! Julia rollte sich wohlig auf die Seite. Keiner würde ihr das glauben. Aber das machte nichts. Sie hatte sowieso keine Lust, es irgendjemandem zu erzählen.

5. Kapitel

Ein abenteuerlicher Ausflug

Der nächste Tag war ein Samstag. Julias Eltern wollten Freunde besuchen, die zwei Kinder in Ollis Alter hatten.

»Da will ich nicht mit hin«, sagte Julia, »ich hab keine Lust, den ganzen Tag mit den Knirpsen zu spielen.«

»Du bist blöd!«, sagte Olli.

Er hatte heute Morgen ganz fasziniert vor dem zweiten Bild geklebt. Aber sie hatte ihn rechtzeitig mit einer Tüte Gummibärchen abgelenkt. Das fehlte noch, dass sie ihr Geheimnis irgendwann mit ihm teilte. Sie würde dafür sorgen, dass er sich die Bilder nie zu lang ansah.

»Macht es dir denn nichts aus, hier den ganzen Tag allein zu sein?«, fragte Mama besorgt. »Wir sind bestimmt erst am späten Nachmittag zurück.«

Wunderbar, dachte Julia. Laut sagte sie: »Ich wollte sowieso heute zu Anja rübergehen.«

Ihre Eltern waren zufrieden. Ihr Bruder nicht. Er merkte immer, wenn sie log. Aber außer düster zu gucken konnte er nichts machen. Gar nichts.

Julia blieb so lange oben an ihrem Fenster sitzen, bis das Auto ihrer Eltern samt Olli auf dem Rücksitz um die Ecke verschwunden war. Dann sprang sie auf ihr Bett und lugte in das oberste Kalenderfenster. Nein, auf dem Dachboden war Jakobus nicht. Sie versuchte es ein Stockwerk tiefer. Ja, da stand er. Mit einem dicken Buch in der Hand. Als er sie sah, winkte er. Julia winkte aufgeregt zurück. Ein paar Minuten später stand sie vor ihm. »Du kommst ja heute schon so früh«, sagte der Erfinder und strahlte sie glücklich an. »Da können wir unseren kleinen Ausflug ja eigentlich auch schon heute machen.«

»Was denn für einen Ausflug?«, fragte Julia neugierig.

»Zum König!«, sagte Jakobus. »Alle Kalenderhausgäste werden dem König vorgestellt.«

»Du meinst, wir besuchen einen echten König?«, fragte Julia.

»Ja, natürlich«, sagte Jakobus und nahm den großen, schwarzen Mantel vom Haken. »Das wird eine Aufregung bei Hof geben! Nach so vielen

Jahren endlich wieder ein Gast! Und ich, Jakobus Jammernich, werde dich begleiten. Welch eine Ehre!« Jakobus seufzte vor Glück und schlüpfte in seinen Mantel.

Julia sah ihn an und musste sich ein Kichern verkneifen. Von dem kleinen Jakobus waren gerade noch die Fingerspitzen, die Schuhe, seine große Nase und ein paar silbrige Locken zu sehen. Und zwei braune Augen, die sehr stolz und glücklich dreinschauten.

»Ist der Mantel nicht wunderbar?«, tönte es hinter dem riesigen Kragen hervor.

»Einmalig!«, sagte Julia.

»Für dich habe ich auch etwas«, sagte Jakobus und zog eine dicke, bunte Strickjacke aus einem Regal hervor. »Zieh das über, es ist kalt draußen.«

Die Jacke war wunderbar warm.

»So seh ich aber nicht besonders feierlich aus«, sagte Julia und sah zweifelnd an sich hinunter.

»Das macht nichts«, sagte Jakobus, »unser König ist blind wie ein Maulwurf. Ich zieh mich nie um, wenn ich ins Schloss fliege.«

»Hast du fliegen gesagt?«, fragte Julia erstaunt.

»Natürlich. Oder glaubst du, ein Flugmaschinenerfinder geht zu Fuß bei diesem Wetter?«

»Ich bin noch nie geflogen.« Julia bekam ganz leuchtende Augen vor Aufregung.

»Na, dann wird es aber Zeit!«, sagte Jakobus. »Wir starten vom Dachboden. Komm!«

»Wie sollen wir denn von hier starten?« Julia sah sich ratlos um.

»Das wirst du schon sehen.« Jakobus kicherte vergnügt. »Irgendwo hatte ich doch noch zwei alte Kissen. Wo sind die bloß?«

Während der kleine Mann in seinen Kartons herumwühlte, blickte Julia durch das Dachbodenfenster nach draußen. Sie sah hinunter auf den vereisten See, der selbst von hier oben riesig aussah, auf unzählige kahle Baumkronen, verschneite Wiesen und Hügel, die zum Horizont hin immer höher und steiler wurden.

»Na endlich, da sind sie ja!«, rief Jakobus und warf zwei löchrige Kissen in die alte Badewanne. Dann öffnete er den verschnürten Sack und zerrte ein riesiges Bündel bunten Stoff und einen Gummischlauch heraus. An dem Stoff baumelten dicke Seile, die am Ende einen eisernen Haken hatten.

»Das ist mein Ballon!«, sagte Jakobus stolz. Hakst du schon mal die Seile fest? Dann kann ich inzwischen den Schlauch anschließen.«

»Festhaken?«, fragte Julia verdutzt. »Woran denn?«

»Na, an der Badewanne natürlich«, sagte Jakobus und schob den Schlauch auf einen Hahn, der aus der Wand ragte.

In dem Badewannenrand waren große Löcher. Julia steckte versuchsweise einen Haken hindurch. Er passte.

»Und was jetzt?«, fragte sie, als alle Seile an der Wanne baumelten.

»Jetzt kommt noch die Steuerung.« Jakobus reichte ihr ein langes Rohr mit einem kleinen Lenkrad am Ende. »Steck das mal in den Abfluss der Wanne.«

Das ist verrückt!, dachte Julia, während sie in die Wanne kletterte und das komische Ding festmachte. Total verrückt!

»Fertig?«, fragte Jakobus und schob ein paar Kartons zur Seite.

»Fertig«, sagte Julia und setzte sich auf eins der Kissen.

Hinter den Kartons war ein großes, rostiges Eisenrad zum Vorschein gekommen, das zwischen staubigen Spinnweben aus der Wand ragte.

»Achtung!«, rief Jakobus und drehte es langsam nach rechts. Über Julias Kopf begann es zu ächzen und zu krachen, als käme jeden Moment das ganze Dach herunter. Der Dachfirst klappte auf wie eine Handtasche, und der blaue Himmel sah zu ihnen herunter.

»Heißluft los!«, rief Jakobus und drehte den Hahn auf, an dem der Schlauch hing.

Sofort begann der bunte Stoff sich aufzublähen. Er wölbte sich höher und höher, bis er aus dem geöffneten Dach herausquoll. Die Seile an der Badewanne strafften sich, und Julia merkte, wie sich das merkwürdige Gefährt langsam vom Boden erhob.

»Jakobus!«, rief sie. »Schnell, steig ein! Es fliegt!«

»Ich komme!«, rief der kleine Erfinder und zog den Schlauch ab. Dann sprang er mit einem erstaunlichen Satz in die schwebende Badewanne und stellte sich ans Lenkrad. Die Badewanne stieg immer schneller und schneller dem Himmel entgegen. Der riesige Ballon über ihnen schillerte in allen Farben.

»Hurra!« Jakobus riss sich die Lockenperücke vom kahlen Kopf und schwenkte sie im Wind. »Hurra, wir fliegen!«

Julia war sich noch nicht ganz sicher, ob sie das Fliegen wunderbar oder schrecklich fand. Vorsichtig warf sie einen Blick über den Badewannenrand nach unten. Das offene Dach lag bereits tief unter ihnen, und der See war nur noch so groß wie ein Spiegelei. Jakobus stülpte sich seine Perücke wieder über und zwinkerte Julia zu.

»Na?«, fragte er. »Wie fühlst du dich?«

»Ich weiß noch nicht«, sagte Julia. »Mein Magen fühlt sich an, als ob tausend Käfer drin rumkrabbeln.«

»Das ist normal«, sagte Jakobus, »du wirst sehen, das wird gleich besser.«

»Wie lange fliegen wir denn bis zum König?«

»Oh, da der Wind uns heute nicht allzu viel ärgert, höchstens eine halbe Stunde. Ist dir kalt?«

»Nein.« Julia schüttelte den Kopf und blickte wieder hinunter zur Erde. Nichts als Schnee und kahle Baumkronen. Und dazwischen ein paar sehr verfallene Häuser.

»Was sind das für Häuser da, Jakobus?«, fragte Julia. »Die Türen sind mit Brettern zugenagelt. Die Fenster sind kaputt, und in den Dächern sind riesige Löcher.«

»Das sind verlassene Kalenderhäuser. Ihre Bewohner sind schon lange fort.«

»Aber wieso denn?«

»Tja. Sie haben lange gewartet, dass sich ein Fenster öffnet und jemand wie du hineinschaut«, sagte Jakobus. »Irgendwann waren sie das Warten leid und haben ihre Häuser verlassen.«

»Das hört sich traurig an«, sagte Julia.

»Stimmt.« Jakobus nickte. »Das ist es auch. Ich habe schon oft gedacht, dass unser Haus bald genauso aussieht wie die da unten. Du bist gerade noch rechtzeitig gekommen!«

»Na, da bin ich aber froh!« Julia seufzte und blickte hinunter auf die verlassenen Häuser. »Jakobus?«, fragte sie. »Warum kommen denn nur noch so selten Kinder zu euch?«

»Wegen der neuen Schokoladenkalenderhäuser.« Der kleine Mann blickte plötzlich sehr ärgerlich. »Diese Schokohäuser sind einfach furchtbar. In ihnen wohnt niemand. Es sind auch keine richtigen Zimmer mehr drin. Aber ihre Wände sind mit Nikoläusen und Tieren und all so was bemalt, und hinter den Fenstern sind Schokoladenstücke.« Jakobus seufzte. »Ich glaube, die meisten Kinder wollen heute lieber ein Stück Schokolade, statt sich Bilder von Zimmern und merkwürdigen Leuten anzusehen.«

»Oh!«, sagte Julia und bekam ein ziemlich schlechtes Gewissen.

»Sieh mal da!« Jakobus zeigte nach vorn. »Da kann man schon das Schloss sehen. Jetzt haben wir's gleich geschafft!«

»Schön«, murmelte Julia, aber sie musste immer noch an die verfallenen Kalenderhäuser denken. Sie hatten wirklich furchtbar traurig ausgesehen. Jakobus lenkte die Ballonwanne vorsichtig auf das Schloss zu. »Siehst du den dicken Turm da?«, frag-

te er. »Wir machen an seinen Zinnen fest, dann muss ich keine Luft ablassen.«

Das Schloss lag jetzt direkt unter ihnen. Seine Mauern waren weiß wie der Schnee auf den Hügeln ringsum, und seine Dächer waren schwarz wie die kahlen Bäume.

»Das ist ja riesig!« Staunend blickte Julia nach unten.

Sie schwebten nun genau neben den Zinnen des dicken Turmes. Unter ihnen lag das Gewirr von Treppen und Höfen, Dächern, Terrassen, Ställen, Türmen und Türmchen, das den Königspalast bildete. Hunderte von buntgekleideten Menschen wimmelten auf den Treppen herum, verschwanden in Türen und lehnten aus den unzähligen Fenstern. Julia flimmerte es vor den Augen vom Hinsehen.

Jakobus warf ein Seil um eine der Zinnen und legte sein Ballonmobil damit so nah neben dem Turm vor Anker, dass sie bequem hinüberklettern konnten.

»So«, meinte er, als sie beide wieder auf steinernem Boden standen, »jetzt hoffe ich nur, dass ich den Thronsaal finde, ohne mich zu verlaufen.«

»Ich bin ziemlich aufgeregt!«, sagte Julia, während sie eine lange Steintreppe hinunterstiegen. »Ist euer König nett?«

»Nett schon«, sagte Jakobus. »Aber er ist schon sehr alt und furchtbar vergesslich. Außerdem kümmert er sich mehr um sein Schloss als um seine Untertanen. Dauernd baut er ein neues Stockwerk dazu oder einen neuen Turm. Deshalb verlauf ich mich hier auch immer wieder. Warte mal.«

Sie hatten die Treppe hinter sich und standen nun in einer riesigen Halle, von der unzählige Gänge in alle möglichen Richtungen führten.

»Verflixt!« Jakobus kratzte sich seine Perücke. »Welcher war es denn nur?«

»Da vorne steht ein Schild ›Zum Thronsaal‹«, sagte Julia.

»Oh, das ist neu«, meinte Jakobus erleichtert. »Na, endlich mal eine gute Idee in diesem verrückten Schloss.«

Nach zwei endlos langen und endlos hohen Fluren, drei Treppen und vielen weiteren Schildern waren sie immer noch nicht am Ziel. Julia bekam langsam müde Füße.

»Jakobus?«, fragte sie. »Muss ich irgendwas sagen vor dem König?«

»Nur, wenn du willst. Ich werde es übernehmen, dich vorzustellen. Warte mal«, er sah sich um, »ich glaube, jetzt sind wir gleich da.«

Die Teppiche unter ihren Füßen wurden dicker und kostbarer, und an den Wänden hingen Bilder in Goldrahmen. »Wer ist das alles auf den Bildern?«, fragte Julia.

»Alle Könige, die dieses Land bisher gehabt hat.«

»Die sehen ja alle gleich aus«, sagte sie.

»Das denk ich auch immer!« Jakobus kicherte.

Sie kamen an eine mächtige Treppe.

»O nein, nicht schon wieder eine Treppe!«, stöhnte Julia und warf einen müden Blick hinauf. »Guck mal, Jakobus!«

Eine wieselflinke, kugelrunde Gestalt stürmte die unzähligen Stufen hinunter direkt auf sie zu. Sie hatte mindestens zehn Hüte auf dem Kopf und wedelte furchtbar aufgeregt mit den Armen.

»Jakobus!«, rief sie. »Da bist du ja endlich!«

»Wer ist das denn?«, fragte Julia und kicherte.

»Hör bloß auf zu lachen«, flüsterte Jakobus. »Das ist der Türsteher des Königs, und er versteht überhaupt keinen Spaß.«

»Na gut.« Julia biss sich schleunigst auf die Lippen. Der Türsteher hüpfte wie ein Tischtennisball die letzten Stufen hinunter und machte prustend und keuchend vor ihnen Halt.

»Na endlich, Jakobus!«, japste er. »Der König wartet auf dich, seit dein Ballon gesichtet wurde. Du weißt doch, er wartet nicht gerne. Wen hast du denn da bei dir?«

Julia warf dem dicken Kerl einen ärgerlichen Blick zu.

»Sie heißt Julia, und alles Übrige werde ich dem König sagen«, meinte Jakobus.

»Wie du willst«, sagte der Türsteher beleidigt. »Hier sind eure Hüte.«

»Wieso Hüte?«, fragte Julia.

Der Dicke warf ihr einen verächtlichen Blick zu. »Um sie vor dem König zu ziehen, natürlich«, erklärte er. »Der König schätzt das sehr.«

»Ach so«, murmelte Julia und nahm ihren Hut entgegen. Er war golden mit einer blauen Feder dran. Sie fand ihn ziemlich scheußlich, aber sie setzte ihn gehorsam auf.

Der Türsteher musterte sie von oben bis unten und nickte dann. »Na ja, mit dem Hut geht es.«

»Ich denke, der König sieht sowieso nichts!«, rutschte es Julia heraus.

Der Türsteher hob seine Augenbrauen, bis sie un-

ter seiner Perücke verschwunden waren. »Jakobus, deine Begleiterin ist ziemlich unverschämt!«

Jakobus warf Julia einen warnenden Blick zu. »Sie meint es nicht so«, sagte er und setzte sich seinen Hut auf. »Komm, wir wollen den König nicht warten lassen.«

»Richtig!« Der dicke Türsteher schenkte Julia einen giftigen Blick. »Folgt mir.«

Dann begann er mit seinen kurzen, krummen Beinen die Stufen wieder hinaufzusteigen.

Na, das kann ja heiter werden!, dachte Julia und stieg hinterher.

6. Kapitel

Der alte König

»Jakobus, der Erfinder, und seine Begleiterin Julia!«, rief der Türsteher und knallte die riesige Thronsaaltür hinter den beiden zu.

In dem großen Saal wurde es totenstill, und alles starrte die beiden Besucher an.

Jakobus machte ein paar zierliche Schritte nach vorn und zog seinen Hut. »Eure Königliche Hoheit«, sagte er und verbeugte sich.

Julia schielte aus den Augenwinkeln zu ihm hinüber und machte alles genau nach.

»Tretet näher!«, rief der König.

Jakobus schritt mit wehendem Mantel auf den Thron zu, und Julia machte, dass sie hinterherkam. Sie gingen über einen breiten, tomatenroten Teppich. Zu beiden Seiten standen Hunderte von Männern und Frauen und starrten sie neugierig an. Julia versuchte, nicht auf sie zu achten, und blickte nach vorne zum Thron.

Auf einer kleinen Treppe stand ein mächtiger Sessel. Und darin saß ein spindeldürrer, alter Mann in einem goldenen Anzug. Er hatte eine viel zu große Krone auf dem Kopf, struppiges, weißes Haar und einen sehr breiten Mund.

Jakobus blieb unten an der Treppe stehen, verbeugte sich tief und zog nochmal seinen Hut. Und wieder machte Julia sorgfältig alles nach.

»Majestät«, Jakobus lächelte stolz, »unser Kalenderhaus hat nach vielen Jahren endlich wieder Besuch bekommen. Darf ich vorstellen? Julia Schultze – aus der anderen Welt.«

Ein erstauntes Gemurmel erhob sich, und der König beugte sich überrascht nach vorn.

»Nicht möglich!«, sagte er und betrachtete Julia von Kopf bis Fuß. »Das ist allerdings eine Überraschung!«

Julia starrte auf ihre Füße und wünschte sich irgendwo anders hin.

Der alte Herr erhob sich und stakste die Stufen hinab, bis er direkt vor Julia stand. Er war ziemlich groß. Deshalb beugte er sich zu ihr hinunter, um sie genauer betrachten zu können. Das Gold seines Anzugs flimmerte vor Julias Augen.

»Ich freue mich sehr, deine Bekanntschaft zu machen«, sagte der König und reichte ihr seine knochige Hand.

»Ich freue mich auch«, murmelte Julia verschämt und erwiderte den königlichen Händedruck.

»Wie findest du denn unsere Kalenderwelt bis jetzt?« Der König blinzelte Julia neugierig aus seinen kurzsichtigen Augen an.

»Aufregend!«, antwortete Julia.

»Das freut mich!« Der König lächelte zufrieden und richtete sich wieder auf. »Wie heißt du nochmal?«

»Julia.«

»Ach ja, Julia. Wirklich sehr erfreut!« Der alte König drehte sich zu Jakobus um. »Mein lieber Jakobus, dieser Gast ändert natürlich alles. Zuerst mal werden wir euer Haus wieder aufpolieren. Ich werde euch Farbe schicken und – hat euer Dach schon Löcher?«

»Ja, leider, Majestät.« Der kleine Erfinder hob bedauernd die Schultern.

»Gut, das werde ich auch reparieren lassen. Wer weiß, vielleicht lasse ich sogar noch eins der alten Häuser wieder öffnen.«

»Majestät, habt Ihr Euch das wirklich gut überlegt?«, fragte plötzlich eine dunkle Stimme, und ein ganz in Silber gekleideter Mann trat hinter dem Thronsessel hervor. Er war sehr groß und dick und hatte kurzgeschorenes, graues Haar. Seine kleinen, blauen Augen stachen wie Eisnadeln in Julias Gesicht. Erschrocken griff sie nach Jakobus' Hand.

Der König drehte sich verdattert zu dem Sprecher um. »Wie meinst du das, Leo?«, fragte er erstaunt.

»Natürlich habe ich mir das gut überlegt. Vielleicht kommen ja nun wieder mehr Gäste zu uns. Das wäre doch nett, oder?«

»Was soll daran nett sein?«, knurrte der unheimliche Mann in Silber. »Wir brauchen diese Besucher nicht. Es sind nur lästige, neugierige Kinder, die eine Menge Umstände machen. Ich dachte, Ihr wolltet die alten Kalenderhäuser abschaffen und stattdessen noch ein paar neue Schokohäuser aufmachen. Habt Ihr das nicht gesagt?«

Jakobus warf dem alten König einen erschrockenen Blick zu.

»Hab ich das gesagt?« Der König kratzte verwirrt eins seiner großen Ohren. »Es kann sein, dass ich das gesagt habe. Aber jetzt hab ich's mir eben anders überlegt.« Er legte Julia eine Hand auf die Schulter und lächelte ihr freundlich zu. »Ich finde

unseren Gast hier äußerst nett, und ich wünsche mir, dass noch mehr wie sie kommen. Vielleicht wird es dann bei uns wieder ein bisschen lustiger. So wie damals, als noch viele Kinder kamen. Ach, was haben wir für lustige Feste gefeiert!«

Julia hörte, wie Jakobus erleichtert aufatmete. Sie fand den alten König plötzlich furchtbar nett. Auch wenn er etwas vergesslich war.

»Jetzt habe ich deinen Namen doch schon wieder vergessen!« Er lächelte verlegen zu ihr hinunter.

»Sie heißt Julia«, sagte Jakobus.

»Ach ja! Wie kann ich nur so einen schönen Namen andauernd wieder vergessen?« Der König schüttelte ärgerlich den Kopf. »Liebe Julia, ich hoffe, du kommst mich bald wieder besuchen, und ich wünsche dir einen wundervollen Aufenthalt im Land der Kalenderhäuser.«

»Danke sehr!«, sagte Julia.

Der Mann in Silber starrte sie mit finsterer Miene an. Dann winkte er jemanden zu sich und flüsterte ihm etwas ins Ohr. Der nickte und huschte davon.

Das ist ja ein scheußlicher Kerl, dachte Julia unbehaglich.

»Majestät«, Jakobus verbeugte sich, »wir müssen

uns jetzt verabschieden. Julia muss rechtzeitig wieder in ihrer Welt sein.«

»Natürlich, natürlich«, sagte der König, »das verstehe ich sehr gut, lieber – ähm – wie war noch der Name?«

»Jakobus, Euer Majestät.«

»Ach ja!« Der König reichte seinen beiden Besuchern noch einmal die Hand und schüttelte sie erfreut. Dann stieg er wieder hinauf zu seinem Sessel und ließ sich aufseufzend hineinsinken.

»Ach, verflixt!«, rief er plötzlich und schlug sich gegen die Stirn. »Jetzt habe ich doch schon wieder was vergessen! Lieber – ääh – wie war das noch – ach ja –, lieber Jakobus, grüße bitte meinen Sohn von mir, ja? Er wohnt doch in deinem Kalenderhaus, oder?«

Julia warf Jakobus einen erstaunten Blick zu.

»Jawohl, Majestät«, antwortete der, »im dritten Stockwerk. Es wird mir eine Ehre sein.«

»Sehr schön!« Der König nickte zufrieden. »Dann könnt ihr jetzt gehen. Auf Wiedersehen!«

Hinter ihm blitzten böse Leos kalte Augen.

Julia und Jakobus zogen ein letztes Mal die komischen Hüte, und dann gingen sie an hundert staunenden Augenpaaren vorbei durch den totenstillen Saal zurück zur Tür. Die mächtigen Türflügel standen bereits offen. Julia und Jakobus gingen hindurch, und sofort füllte sich der Saal hinter ihnen wieder mit murmelnden Stimmen.

»Na, wie war's?«, fragte der dicke Türsteher und schloss mit wichtiger Miene hinter ihnen die große Tür.

»Sehr nett«, sagte Jakobus.

»So, so, nett!« Der Türsteher riss den beiden die Hüte aus der Hand und stülpte sie sich auf die anderen.

»Ja, sehr nett«, sagten Julia und Jakobus im Chor und zwinkerten sich fröhlich zu. Dann nickten sie dem ärgerlich blickenden Kerlchen nochmal zu und liefen die Treppe hinunter.

»Ach, ich bin ja so glücklich!«, rief Jakobus und warf seine Perücke in die Luft. »So furchtbar glücklich! Du hast uns gerettet, Julia, du hast uns alle gerettet!« Und damit gab er Julia einen so dicken Kuss, dass sie fast zusammen die Treppe hinuntergefallen wären.

Als Julia in ihr Zimmer zurückkam, schwirrte ihr der Kopf von all den aufregenden Dingen, die sie hinter sich hatte.

Eigentlich schade, dass ich nicht damit angeben kann, dachte sie und krabbelte vom Bett herunter. Keine von meinen Freundinnen ist schon mal mit einer Badewanne herumgeflogen, und bei einem richtigen König sind sie auch bestimmt noch nie gewesen.

Sie sah auf ihren Wecker. Drei Uhr. Vorsichtig schloss sie ihre Tür auf und lauschte nach unten. Nein, da war niemand. Pfeifend sprang Julia die Treppe runter und lief in die Küche. Sie hatte einen Bärenhunger nach all den Aufregungen. Mit einer Rolle Kekse und einer Flasche Limonade als Beute rannte sie wieder nach oben. Dann holte sie die kleine Flugmaschine aus ihrem Versteck und ließ sie im Zimmer herumschwirren. Während sie dem glitzernden Ding mit den Augen folgte und ihre Kekse kaute, dachte sie an den Palast und den König, die alten Kalenderhäuser und die fliegende Badewanne, an den komischen Türsteher und an den Mann in Silber. Das war ein scheußlicher Kerl gewesen. Julia nahm sich noch einen Keks und knabberte nachdenklich darauf herum. Wie der sie angeschaut hatte! Puuh! Ihr wurde jetzt noch ganz unheimlich zumute, wenn sie daran dachte. Und wie er herumgetuschelt und dem König finstere Blicke zugeworfen hatte. Als würde er was im Schilde führen. Julia runzelte die Stirn. Sie musste Jakobus morgen fragen, wer dieser Leo eigentlich war. Ja, und vor allem würde sie ihn über den Sohn des Königs ausfragen. Das musste schließlich ein richtiger Prinz sein.

Die kleine Maschine landete vor ihr auf dem Teppich. Julia drückte auf den winzigen Knopf, und sofort schnurrte sie wieder los. So ein schönes Spielzeug hatte sie noch nie gehabt. Plötzlich hörte sie ein Auto. Sie stürzte zum Fenster und sah hinaus. Ihre Eltern. Schon ging unten die Tür auf.

»Wir sind wieder da!«, rief Papa, und zwei kurze Beine kamen die Treppe heraufgepoltert. Julia versteckte die Keksrolle unter ihrem Kopfkissen. Das Flugmaschinchen drehte noch immer seine Runde. »Komm schon!«, sagte Julia und streckte die Hand aus. Aber das verflixte kleine Ding schnurrte weiter durch die Luft. Julia hüpfte hoch, um es zu fangen, aber es war zu flink. Sie rannte hinterher und hüpfte und sprang, aber sie bekam es einfach nicht zu fassen.

Die Zimmertür flog auf, und Olli stürzte herein. Er sah das Maschinchen sofort. »Was ist das

denn?«, fragte er und starrte es mit weit aufgerisse-
nen Augen an. Das undankbare Ding steuerte auf
ihn zu und landete genau vor seinen Zehen.
»Oooh!«, hauchte Olli entzückt und hockte sich
andächtig vor dem glitzernden Ding auf den Teppich.

»Gib es her!«, fauchte Julia, aber ihr Bruder hatte
es schon in seinen kurzen Fingern. Staunend betrachtete er es von allen Seiten. »Ist das deins?«,
fragte er und strich vorsichtig über die schimmern-
den Flügelchen.

»Ja!«, sagte Julia. »Gib's mir jetzt sofort wieder!«

»Nein, ich will es erst Mama zeigen.«

»Wenn du es Mama zeigst, lass ich dich nicht damit spielen.«

»Na gut. Ich zeig's ihr nicht. Was passiert, wenn ich hier draufdrücke?« Er quetschte seinen dicken, kleinen Finger auf den Knopf, und Jakobus' Flugmaschine erhob sich wieder in die Lüfte. »Donnerwetter!« Olli sperrte vor Bewunderung den Mund weit auf.

Julia stellte sich ihrem fliegenden Schatz in den Weg und schnappte ihn. Endlich! Die Maschine summte und brummte in ihrer Hand wie ein zorniges Insekt, aber schließlich war sie still.

»Oh!« Olli runzelte ärgerlich die Stirn. »Wieso hast du es gefangen?«

»Es ist für heute genug geflogen«, sagte Julia.

»Wenn ich Mama nichts sage, darf ich dann morgen wirklich damit spielen?« Olli sah seine Schwester misstrauisch an.

»Ehrenwort«, sagte Julia mit düsterer Miene.

»Olli!«, rief ihre Mutter von unten. »Komm runter und zieh die Schuhe aus! Die ganze Treppe ist schon voll Schneematsch!«

»Ja, ich komm schon!«, maulte Olli und trollte sich die Treppe hinunter.

Julia knallte ärgerlich die Tür hinter ihm zu. Dann betrachtete sie mit grimmiger Miene ihre kleine Maschine. »So ein Mist!«, murmelte sie. »So ein verdammter Mist!«

7. Kapitel

Von Harry, dem Hässlichen, und Leo, dem Lügner

Ein Schurke im silbernen Anzug war gerade dabei, einen schönen Prinzen aus einer fliegenden Badewanne zu schmeißen, als jemand an Julias Arm rüttelte. Es war heller Morgen, und Olli stand im Schlafanzug neben ihrem Bett.

»Morgen!«, sagte er. »Mama hat gesagt, ich soll dich wecken.«

»Quatsch!«, brummte Julia und rieb sich die Augen. »Heute ist Sonntag. Also hau ab und lass mich weiterschlafen.«

»Aber Oma kommt heute«, sagte ihr Bruder.

»Ach so.« Julia kroch gähnend unter ihrer Decke hervor.

»Warum hast du das nicht gleich gesagt?« Sie mochte ihre Oma sehr gerne, und sie fand es äußerst schade, dass sie nur noch eine hatte. Verschlafen taumelte sie zu ihrem Schrank und zog etwas zum Anziehen heraus.

»Kann ich nachher mit der Maschine spielen?«, fragte Olli.

»Ja«, brummte Julia und zog ihre Hose an. »Nachher.«

Olli grinste zufrieden. »Julia«, sagte er und setzte sein nettestes Gesicht auf, »willst du nicht das dritte Fenster von deinem Kalender aufmachen?«

»Na gut.« Julia zog sich ihren Pullover über den Kopf. Sie war noch zu müde zum Streiten. Gähnend stieg sie auf ihr Bett. Olli kam eilig hinterhergeklettert.

Hinter dem dritten Fenster war Jakobus' Küche. Zum Glück war der kleine Erfinder nicht zu sehen. Aber auf dem Küchentisch stand ein kleiner Blumenstrauß. Und daneben lag eine winzige Karte, auf der ›Bis heute Abend‹ stand.

»Wieso ›Bis heute Abend‹?«, fragte Olli verdutzt.

»Weiß ich doch nicht«, sagte Julia und kletterte wieder vom Bett herunter. »Komm jetzt. Wir gehen runter.«

»Ich finde den Kalender richtig schön«, sagte Olli und starrte fasziniert in die kleine Küche.

»Komm da weg.« Julia zerrte ihn vom Bett runter. »Erst findest du ihn blöd, und jetzt starrst du ihn dauernd an.«

»Jetzt finde ich ihn schön«, sagte Olli. »Wollen wir nicht tauschen? Du kriegst meinen Schokoladenkalender, und ich kriege den da.«

»Keine Chance!« Julia schob Olli durch die Tür. Künftig würde sie ihr Zimmer wohl besser den ganzen Tag über abschließen!

Der Sonntag mit ihrer Oma war sehr schön, aber der Abend bei Jakobus war fast noch ein bisschen schöner. Sobald Olli im Bett lag und die Eltern vor dem Fernseher saßen, machte Julia einen Besuch bei dem kleinen Erfinder.

Sie setzten sich zusammen in seine Küche, tranken Apfelsaft und aßen Julias Kekse. Durch ein Fenster schien der Mond in die kleine Küche, und von der anderen Seite fiel Licht aus Julias Zimmer herein.

»Jakobus?« Julia blickte nachdenklich in ihr Zimmer. »Wie findest du eigentlich mein Zimmer? Ist es nicht langweilig, immer da rein zu sehen?«

»Ach, weißt du«, sagte Jakobus und knabberte an einem Keks, »durch dieses Fenster war so lang gar nichts zu sehen. Da ist dein Zimmer eine wunderbare Abwechslung.«

»Na, dann ist es ja gut.« Julia betrachtete ihr Regal mit den Büchern und den Stofftieren. »Ich finde es ziemlich langweilig.«

Jakobus holte aus einer Schublade einen großen Kamm hervor. »Ich werde mal eben meine Perücke kämmen«, sagte er und stülpte die Lockenpracht auf eins seiner spitzen Knie.

»Was ich dich auch noch fragen wollte«, sagte Julia, »wer war eigentlich der scheußliche, silberne Kerl gestern? Der König hat Leo zu ihm gesagt.«

»Ach, der!« Jakobus zog den Kamm durch die silbernen Locken. »Das ist Leopold. Fürst Leopold. Aber alle, außer dem König, nennen ihn nur Leo, den Lügner.«

»Mag der König ihn etwa?«, fragte Julia.

»Oh, Leo hat sich sehr geschickt bei ihm eingeschmeichelt. Inzwischen ist er der wichtigste Berater des Königs. Er war es auch, der auf die Idee mit den Schokokalenderhäusern gekommen ist. Es ärgert ihn furchtbar, dass der König die alten Häuser nicht einfach abreißen lässt und für jedes zehn Schokohäuser hinbaut. Er hat vor Wut geschäumt über deinen Besuch.«

»Das habe ich gemerkt!« Julia kicherte. »Und was ist mit dem Sohn des Königs, den du grüßen sollst? Ist das ein richtiger Prinz?«

»Na klar! Er heißt Prinz Harry und ist sehr nett.«

»Und wieso wohnt er hier und nicht im Schloss?«

»Na, weil es ihm hier gefällt«, antwortete Jakobus, »und weil er Leo, den Lügner, nicht ausstehen kann. Er war es leid, ihm im Palast ständig über den Weg zu laufen. Sie streiten sich jedes Mal furchtbar, wenn sie sich sehen. Prinz Harry will nämlich die Schokohäuser abschaffen lassen, sobald er König wird. Und das gefällt Leo gar nicht. So, fertig!« Jakobus stülpte sich die Perücke wieder auf den kahlen Kopf.

»Wann wird der Prinz denn König?«

»Also, wenn das mit der Vergesslichkeit des Königs so weitergeht«, der kleine Mann zuckte die Achseln, »dann sicher bald.«

»Das ist ja wunderbar«, rief Julia, »dann gibt es bestimmt bald wieder ganz viele Kalenderhäuser.«

»Tja«, seufzte Jakobus, »ich fürchte, dass Leo, der Lügner, das nicht so einfach zulassen wird. Harry sollte sich vor ihm in Acht nehmen. Ich habe schon sehr lange das Gefühl, dass er irgendetwas im Schilde führt.«

Julia dachte an die Eisnadelaugen von Fürst Leopold und schauderte.

»Ich würde den Prinzen zu gern mal sehen«, seufzte sie.«

»Das wirst du auch bald«, sagte Jakobus. »Die zwei alten Elfen, die unter mir wohnen, haben sich nämlich etwas ganz Besonderes für dich ausgedacht.«

»Alte Elfen?«, fragte Julia verblüfft. »Werden Elfen denn auch alt?«

»Natürlich!« Der kleine Mann kicherte vergnügt. »Was hast du denn gedacht?«

»Und was haben sie sich für mich ausgedacht?«

»Sie werden ein Fest für dich veranstalten – mit allen Bewohnern dieses Hauses, und zwar am Nikolausabend. Wie findest du das?«

»Oh!«, sagte Julia, mehr fiel ihr nicht ein.

»Freust du dich nicht?«, fragte Jakobus besorgt.

»Ich bin ganz platt!«, sagte Julia. »Ich weiß überhaupt nicht, was ich sagen soll. Ein Fest nur für mich?«

»Ja!« Jakobus lächelte stolz. »Allerdings wirst du dafür hinter den nächsten Fenstern nur zugezogene Gardinen zu sehen kriegen. Schließlich müssen wir alles vorbereiten. Aber am Nikolausabend kommst du zu mir, und wir gehen zusammen runter. Einverstanden?«

»Einverstanden!« Julia strahlte. »Ach, ich kann es jetzt schon kaum noch erwarten. Ich –«, plötzlich wurde sie starr vor Schreck und blickte in ihr Zimmer. »O nein!«

Ihre Tür war aufgegangen, und hereinspaziert kam – wer wohl – Olli natürlich. Überrascht sah er auf ihr leeres Bett.

»Oh, wer ist das denn?«, fragte Jakobus neugierig.

»Mein Bruder!« Julia sprang auf.

Olli sah unter ihr Bett und hinter die Tür. Dann stürzte er aus dem Zimmer.

»Ich muss schnell zurück!« Hastig lief sie zu dem offenen Kalenderfenster. »Sonst kriege ich Ärger!«

»Wieso Ärger?«, fragte Jakobus verdutzt.

»Das erklär ich dir ein anderes Mal.« Julia trat unruhig von einem Fuß auf den anderen. Wie lang dauerte das bloß? Sie starrte doch bestimmt schon eine Ewigkeit in ihr Zimmer.

»Bis Nikolaus dann!«, hörte sie Jakobus sagen, aber bevor sie antworten konnte, plumpste sie auf ihr Bett. Olli brüllte unten wie ein Verrückter herum. Sie griff sich rasch ein Buch und legte sich damit aufs Bett. Jemand kam die Treppe rauf.

»Sie ist wirklich weg, Mama!«, hörte sie Olli sagen.

»Wirklich!«

Einen Atemzug später stürzte er in ihr Zimmer. Mama zerrte er hinter sich her.

»Aber da ist Julia doch«, sagte sie ärgerlich.

»Sie war aber weg!«, brüllte Olli und bekam einen knallroten Kopf vor Wut. »Sie war weg!«

»Julia, weißt du, was er hat?«, fragte Mama ratlos.

»Keine Ahnung«, sagte Julia, »ich hab hier die ganze Zeit gelegen und gelesen.«

»Hast du nicht«, brüllte Olli. Er sah aus, als würde er jeden Moment vor Wut platzen.

»Komm, Olli«, sagte ihre Mutter, »jetzt reicht's! Das ist nicht mehr lustig. Und du zieh dich aus, Julia. Es ist schon spät.«

»Mach ich«, sagte Julia und grinste Olli zufrieden an.

»Sie lügt! Sie lügt!« Olli stampfte mit dem Fuß

auf. »Ich hab überall nachgesehen, Mama! Sie war weg!«

»Na, und wo sollte sie deiner Meinung nach gewesen sein?«, fragte Mama ungeduldig.

Ihr Bruder sah zum Kalender hinüber. Julia rutschte vor Schreck das Herz in die Hose. »Keine Ahnung«, knurrte Olli und sah Julia böse an.

»Na gut, dann Schluss jetzt mit dem Zirkus!«, sagte Mama. »Runter in dein Bett mit dir.«

Mit finsterer Miene drehte Olli sich um. »Sie war aber doch weg!«, murmelte er.

Mama zuckte die Achseln und zwinkerte Julia zu. Dann schloss sie hinter sich die Tür.

Puuuh! Julia atmete erleichtert auf. Das war knapp gewesen. Sie blickte zum Kalender. Jakobus blickte erstaunt aus dem Küchenfenster. Julia winkte ihm zu. Er lächelte und winkte zurück.

Ach, was für ein wunderbares Geheimnis, dachte Julia. Und dann ging sie hinunter ins Badezimmer.

8. Kapitel

Das Fest der Elfen

Die nächsten drei Tage waren furchtbar langweilig. Hinter dem vierten und dem fünften Kalenderfenster waren nur geblümte Vorhänge – wie Jakobus vorhergesagt hatte. Und als Julia am Nikolausmorgen das sechste Fenster öffnete, hing vor dem Vorhang nur eine Girlande aus Papierblumen. Das war alles.

Das einzig Gute daran ist, dass Ollis Interesse an dem Kalender dadurch anscheinend ein bisschen nachließ.

Wenn sie doch wenigstens Jakobus hätte besuchen können! Aber sein schwarzer Mantel war ständig verschwunden, und seine Wohnung blieb abends dunkel.

Am Nikolausabend bekam Julia beim Abendbrot vor Aufregung keinen Bissen herunter.

»Wie siehst du denn aus?«, fragte Mama. »Wirst du etwa krank?«

»Ich weiß nicht«, sagte Julia, »mir ist ganz heiß. Ich glaub, ich gehe ins Bett.«

»Gut.« Ihre Mutter legte ihr die Hand auf die Stirn. »Aber schließ nicht wieder ab, ja? Ich komme nachher noch zu dir.«

»Du brauchst nicht mehr kommen«, sagte Julia, »ich schlaf sowieso sofort.«

»Lass trotzdem die Tür auf«, sagte Mama. »Ich möchte nicht, dass du dir angewöhnst, immer abzuschließen.«

»Ist gut«, murmelte Julia.

Dann ging sie nach oben und schloss doch ab. Ganz leise. Das würde Ärger geben. Aber trotzdem – heute Abend ging es einfach nicht anders.

Jakobus wartete in seiner Küche auf sie. »Herzlich willkommen!« Er grinste übers ganze Gesicht, als Julia vor ihm stand. Er hatte eine lange, rote Jacke an mit großen, sternförmigen Knöpfen und wunderbare, goldene Schuhe. Und auf dem Kopf trug er eine Perücke mit dunkelroten Locken – passend zur Jacke.

»Diese Kleider«, Jakobus sah stolz an sich herunter, »trage ich nur zu ganz besonderen Anlässen. Heute habe ich sie dir zu Ehren angezogen. Gefallen sie dir?«

»Sehr!«, sagte Julia.

»Freut mich!« Jakobus strahlte. »Moment bitte!« Er nahm seinen schwarzen Mantel vom Haken und schlüpfte hinein.

»Wieso ziehst du denn den Mantel an?«, fragte Julia erstaunt.

»Es ist sehr kalt heute!«, antwortete Jakobus, »und es gibt nur eine einzige Treppe in diesem Haus, und die ist draußen. Ich glaube, du ziehst dir am besten wieder meine Strickjacke über. Sie liegt auf dem Bett.«

»Na gut.« Julia zog die Jacke an und sah den kleinen Mann dann erwartungsvoll an. »Wo geht's raus?«

»Hier.« Jakobus zog Julia zu einer schmalen Tür. »Die Treppe ist ziemlich klapprig, aber du brauchst keine Angst zu haben. Bisher hat sie immer gehalten.« Er öffnete die Tür. Ein paar Schneeflocken schwebten in die Küche. »Ah, es ist nicht sehr windig, sehr schön!«, sagte der kleine Erfinder. »Ich hatte schon Angst um meine Perücke.« Er nahm Julias Hand, zog sie nach draußen und machte die Tür hinter ihnen zu.

Julia sah sich um. Sie standen auf einer kleinen, eisernen Plattform mit einem rostigen Geländer, von der die klapprigste und furchteinflößendste Treppe, die Julia je gesehen hatte, in die Tiefe führte. Es war eine Wendeltreppe aus Eisen, und sie ächzte und quietschte in einem fort und wackelte so sehr hin und her, dass sie aussah wie eine lebendige Schlange aus Stufen und Stangen.

»Da... da müssen wir runter?«, fragte Julia und klammerte sich an Jakobus' Ärmel.

»Ach, das ist nicht so schlimm!«, beruhigte sie der kleine Mann. »Du darfst nur nicht allzu viel nach unten sehen.«

Julia presste die Lippen zusammen und nickte. Leider hatte sie gerade nach unten gesehen. Die verschneite Erde war furchtbar weit entfernt, und die kahlen Bäume sahen aus, als streckten sie ihre schwarzen, knorrigen Arme nach ihr aus, um sie herunterzuziehen. Wäre da nicht das rostige Eisen unter ihren Füßen gewesen, sie hätte gedacht, dass sie irgendwo zwischen Himmel und Erde in der Luft hing.

»Komm«, sagte Jakobus und begann die scheppernden Stufen hinunterzusteigen. »Ich habe heute extra Schnee gefegt, damit du nicht ausrutschst.«

Julia holte tief Luft und folgte ihm. Das Geländer

war so vereist, dass ihre Hand fast daran festklebte. Sie versuchte, nur auf die Stufen zu blicken. Aber davon wurde ihr schlecht. Also starrte sie auf Jakobus' schwarzen Mantel.

»Gleich haben wir's geschafft!«, rief der kleine Mann – gerade als Julia anfing, einen Drehwurm zu bekommen.

Die Treppe führte auf genauso eine Plattform, wie sie bei Jakobus vor der Tür war. Auf der anderen Seite schraubte sie sich weiter in die Tiefe.

»Da sind wir«, sagte Jakobus. Julias Beine fühlten sich an wie aus Gummi.

Die Haustür der Elfen war grün und über und über mit Blumen bemalt. Und an der Klinke hing ein kleines Schild aus Pappe, auf das jemand in Schönschrift ›Herzlich willkommen‹ geschrieben hatte.

»Damit bist natürlich du gemeint«, sagte Jakobus und lächelte. »Ich werde uns jetzt ankündigen, ja?«

Julia nickte. Sie war ziemlich aufgeregt.

»Hallo!«, rief Jakobus und klopfte an die Tür. »Melissa! Rosalinde! Der Besuch ist da!«

»Mome-ent!«, rief eine Frauenstimme von drinnen. Einen Augenblick später flog die Tür auf, und eine kugelrunde, alte Dame blickte ihnen strahlend entgegen. Auf ihrem Rücken flatterten zwei wunderschöne schillernde Flügelchen emsig auf und ab, und ihre winzigen Füße schwebten ein gutes Stück über dem Fußboden. »Heeereinspaziert!«, rief sie und flatterte zur Seite, damit Jakobus und Julia eintreten konnten.

»Guten Abend, Melissa«, sagte Jakobus und hängte seinen Mantel an die Garderobe. »Das ist Julia!«

»Herzlich willkommen.« Melissa schüttelte Julia begeistert die Hand. »Wir freuen uns ja sooo, dass du da bist.«

»Sind alle gekommen?«, fragte Jakobus.

»Natürlich!« Melissa flatterte vor Freude fast bis unter die Decke. »Alle wollen sie sehen und ihre Ankunft feiern. Ach, endlich haben wir mal wieder Grund zu feiern! Nach so vielen traurigen Jahren!«

»Melissa, ist der Besuch schon da?« Die Tür zum Nebenzimmer hatte sich geöffnet, und herein flatterte noch eine alte Dame. Das musste Rosalinde sein. Sie hatte dieselben durchsichtigen Flügel wie Melissa und dieselben winzigen Füßchen.

Aber sie war dünn wie ein Streichholz.

»Melissa!«, zwitscherte sie. Sie hatte ein richtiges kleines Vogelstimmchen. »Melissa, wir sitzen alle da und warten, und du verplapperst dich hier mit unseren Gästen. Das ist typisch!«

»Entschuldigung«, sagte Melissa und flatterte aufgeregt um Julia herum. »Aber ich bin so aufgeregt. Ist sie nicht wunderhübsch?«

Julia bekam einen knallroten Kopf und sah verlegen auf ihre Füße.

»Flatter nicht so um das arme Ding herum, Melissa«, sagte Rosalinde und trippelte auf Julia zu.

»Ich habe dir schon oft gesagt, du sollst im Haus nicht so viel fliegen.«

»Ja, ja.« Melissa zwinkerte Julia und Jakobus zu. »Ist schon gut. Wie wär's, wenn du unseren Besuch jetzt erst mal begrüßt?«

»Guten Tag.« Rosalinde gab Julia ihre winzige Hand. »Ich freue mich wirklich sehr.«

»Ich freue mich auch sehr.« Julia versuchte die beiden nicht allzu unhöflich anzustarren. Sie hatte schließlich noch nie eine richtige Elfe gesehen.

»Wuuunderbar!« Melissa fasste Julia an der Hand. »Dann lass uns jetzt endlich hineingehen. Bevor die anderen alle herauskommen.« Und damit flatterte sie auf die offene Tür zu und zog Julia mit sich. Jakobus und Rosalinde folgten.

Der Raum, in den sie kamen, war offenbar das Wohnzimmer der Elfen. Zwischen einem Sofa und vielen Sesseln stand ein Tisch, der so vollgestellt war mit Kuchen und Torten, dass für Teller kaum Platz blieb. Überall hingen Girlanden aus Papierblumen, Luftballons und kleine Lampions. Von Julias Zimmer war nichts zu sehen, denn die geblümten Vorhänge vor den Fenstern waren immer noch zugezogen. Überhaupt war in diesem Zimmer alles geblümt – die Sessel, das Sofa, der Teppich, die Kissen, die Tapete, die Lampen, ja, sogar die Decke. Aber riechen tat es nach Kerzen und Kuchen.

»Das ist sie!«, rief Melissa und ließ Julias Hand los. »Unser Ehrengast!«

Es wurde ganz still.

Alles schaute Julia an.

Und Julia schaute zurück.

Der erste Gast sah noch ziemlich normal aus. Es war ein ziemlich hässlicher, junger Mann mit großen Ohren, struppigem, schwarzem Haar und einem sehr breiten Lächeln. Die Gäste neben ihm waren allerdings schon ungewöhnlicher. Auf einem geblümten Sofa saßen vier sehr kleine, bärtige Männer mit bunten Zipfelmützen, die alle ziemlich dick waren und Julia mit freundlichen, schläfrigen Augen ansahen. Und links von ihnen saß in einem dicken Sessel ein riesiger Mann. Die Teetasse, die er hielt, sah in seinen großen Händen wie ein winziges Puppentässchen aus. Ein Riese, dachte Julia entzückt, und vier niedliche Heinzelmänner. Aber wo ist der Prinz?

»Na, habt ihr euch genug angestarrt?« Melissa drückte Julia einen vollgetürmten Teller in die Hand. »Setzt euch doch!«

Julia plumpste in einen großen Sessel, und Jakobus setzte sich auf einen kleinen Schemel direkt neben sie – was sie sehr nett von ihm fand.

»Wenn ihr alle den Mund nicht aufkriegt«, sagte Melissa, »dann werde ich euch eben vorstellen.« Die alte Elfe runzelte die Stirn und sah sich um. »Bei wem fang ich an?«

»Wie wäre es mit uns?«, fragte der dickste und kleinste der Heinzelmänner und lächelte Julia verschämt an.

»Wieso nicht?«, sagte Melissa. »Also – das sind unsere Heinzelmänner – Bill, Bob, Barney und Bert. Sie sind ziemlich merkwürdige Heinzelmänner, denn sie sind sehr, sehr faul und ständig müde. Stimmt doch, Jungs, oder?«

»Stimmt!«, sagten die Heinzelmänner im Chor und nickten stolz.

»Wir freuen uns sehr, dass du gekommen bist«, meinte der Größte von ihnen.

»Ja, sehr!«, riefen die anderen drei – natürlich wieder im Chor.

»Danke schön.« Julia strahlte die kleinen Kerle an.

»Der große Kerl da«, fuhr Melissa fort, »heißt Riesig. Er ist stumm und redet nur mit seinen Händen. Aber man kann ihn prima verstehen.

Außerdem ist er schon ziemlich alt und nicht mehr allzu stark: Aber zum Bäumeausreißen reicht es immer noch, nicht war, Riesig?«

Riesig nickte und lächelte Julia an. Sein Lächeln war so breit wie eine Banane.

Julia lächelte glücklich zurück.

»Und das hier«, Melissa zeigte auf den hässlichen, jungen Mann, »ist unser heißgeliebter Prinz Harry, der Sohn unseres furchtbar vergesslichen Königs.«

Das sollte der Prinz sein? Julia konnte es kaum glauben.

»Man nennt mich Prinz Harry, den Hässlichen«, sagte der Prinz und grinste von einem großen Ohr zum anderen. »Ich wette, du hast dir einen Prinzen ganz anders vorgestellt, was?«

Julia bekam einen knallroten Kopf.

»Mach dir nichts draus.« Der Prinz zwinkerte ihr zu und grinste wieder von einem Ohr zum anderen Ohr.

»Ist er nicht wunderbar?« Melissa zupfte den Prinzen an seinem struppigen Haar. »Wir haben noch nie so einen netten Prinzen gehabt. Er wird einen herrlichen König abgeben!«

»Das hoffe ich«, sagte Prinz Harry, »aber jetzt lassen wir erst mal unseren Gast hochleben. Seid ihr alle fertig?«

»Ja!«, riefen alle.

Melissa flatterte unter die Decke und rief: »Eins, zwei, drei!«

Und bei drei schmetterten alle los: »Hoch soll sie leben, hoch soll sie leben, dreimal hoch!«

Die vier Zwerge brüllten am lautesten, Jakobus schwenkte seine Perücke im Takt, und der stumme Riesig stampfte dazu auf den Boden. Es war ein wundervolles Getöse, und Julia strahlte wie ein Honigkuchenpferd. Sie fühlte sich wie an Weihnachten, Ferienanfang, Geburtstag und Silvester zusammen. Unglaublich glücklich!

»Und jetzt«, sagte Jakobus, als alle so außer Puste waren, dass sie nicht weitersingen konnten – »jetzt muss Julia die Kerzen ausblasen.«

In der Mitte des vollgepackten Tisches stand eine Torte mit zehn roten Kerzen und einem klitzekleinen Haus aus Marzipan in der Mitte.

»Jede dieser Kerzen«, zwitscherte Rosalinde, »steht für ein Jahr, das wir vergeblich auf einen Gast gewartet haben. Wenn du sie jetzt ausbläst, pustest du all die scheußlichen Jahre weg, und wir werden sie einfach vergessen!«

»Das mach ich«, sagte Julia. Sie holte tief Luft und – pustete alle zehn Kerzen mit einem Mal aus.

»Hurraa!«, riefen alle, und die Zwerge warfen ihre Zipfelmützen in die Luft.

»Die traurigen Jahre sind vorbei!«, rief Melissa.

»Riesig, schneide die Torte an!«

Sie lachten und aßen, bis die Elfen nicht mehr flattern konnten und Jakobus seine rote Jacke aufknöpfen musste.

»Wisst ihr übrigens schon das Neueste?«, fragte der kleine Erfinder, als sie alle mit vollen Bäuchen dasaßen und sich zufrieden anlächelten.

»Nein, was denn?«, fragte der Prinz.

»Dein Vater, der König, hat gestern bei Riesig 20 Eimer Farbe abgeben lassen, damit wir die leeren Zimmer streichen können.«

»Das hat er nicht vergessen?«, sagte Harry erstaunt. Alle kicherten.

»Gibt es denn hier auch ganz leere Zimmer?«, fragte Julia erstaunt.

»Ja, leider.« Melissa seufzte. »Sogar ziemlich viele. Hinter den Fenstern 7, 8 und 9 hat mal ein Zauberer gewohnt. Aber der ist letztes Jahr verschwunden.«

»Er hat sich selber weggezaubert!«, sagten die Heinzelmänner im Chor und kicherten.

»Ja, und hinter 18, 19, 20 und 21«, sagte Jakobus, »da wohnten vor ein paar Jahren ein paar Verwandlungskünstler. Aber denen ist das Warten irgendwann einfach zu lang geworden.«

»Wisst ihr was?« Rosalinde wischte sich ein paar Krümel von ihrem geblümten Kleid. »Ich habe in letzter Zeit ein paar Mal gedacht, dass in dem Stockwerk unter uns doch jemand wohnt.«

»Wie meinst du denn das?«, fragten die Heinzelmänner erstaunt.

»Ich weiß auch nicht«, sagte die alte Elfe, »aber ich habe schon oft so komische Geräusche gehört. Und als ich einmal an der Haustür vorbeigeflogen bin, da ist sie aufgegangen! Jawohl, das habe ich gesehen!«

»Ach, Rosalinde«, kicherte Melissa. »Du siehst aber auch dauernd Gespenster. Wie sollte denn da unten jemand wohnen? Irgendjemand von uns müsste ihn doch schon mal gesehen haben.«

»Ich weiß, ich weiß!«, zwitscherte Rosalinde und krauste trotzig die Stirn. »Aber ich glaube trotzdem, dass da jemand ist!«

»Hör jetzt auf, Rosalinde«, sagte Melissa ärgerlich, »du machst unserem Gast sonst noch Angst.«

»Wie wär's?«, fragte Prinz Harry Julia. »Hättest du Lust, uns morgen zu helfen, dieses unheimliche Stockwerk zu streichen?«

»Das geht aber nun wirklich nicht«, sagte Rosalinde empört, »sie ist schließlich unser Gast.«

»Ich würde sehr gerne helfen!«, sagte Julia. »Sehr, sehr gern sogar.«

»Schön!« Der Prinz grinste breit und zufrieden: »Dann treffen wir uns morgen Abend alle im siebten Zimmer.«

»Einverstanden!«, riefen die Heinzelmänner.

»Also, ich komme nicht!« Rosalinde schüttelte energisch den Kopf. »Nein! Da unten ist es mir zu unheimlich.«

»Rosalinde, du spinnst!«, sagte Melissa.

»Lass sie, Melissa«, sagte Jakobus, »wir sind doch auch so genug. Und wenn die Zimmer frisch gestrichen sind und wieder hell und freundlich aussehen, kommt Rosalinde bestimmt auch mit hinunter. Nicht wahr, Rosalinde?«

»Vielleicht!«, zwitscherte Rosalinde. »Aber nur, wenn ihr auch alle Spinnweben wegmacht!«

»Machen wir!«, riefen die Heinzelmänner im Chor.

»Und was machen wir jetzt?«, fragte Melissa und gähnte herzhaft. »Ich muss sagen, ich werde plötzlich furchtbar müde.«

»Wir wollen Julia noch etwas zum Abschied geben«, sagten die Heinzelmänner im Chor.

Julia sah sie erwartungsvoll an.

Der Dickste von ihnen, Bert, kletterte vom Sofa und kam zu ihr herübergetapst. Als er vor ihr stand, räusperte er sich verlegen und sah auf seine Füße. Dann sagte er: »Wir möchten dich zur Ehrenheinzelfrau ernennen!« Und damit zog er eine kleine, rote Mütze aus der Hosentasche, stellte sich auf die Zehen und setzte sie Julia auf den Kopf. Dann verbeugte er sich vor ihr und flitzte schnell zu seinen Brüdern zurück.

»Oh, danke schön«, stammelte Julia verlegen und wurde rot wie eine Kirsche. »Ich weiß überhaupt nicht, was ich sagen soll –«

»Du brauchst gar nichts zu sagen. Wir bedanken uns bei dir«, sagte Jakobus, »denn du hast durch deinen Besuch aus einem traurigen, alten Haus wieder ein fröhliches gemacht.«

»Stimmt!«, riefen alle.

Und Julia war das stolzeste und glücklichste Kind auf der ganzen Welt.

9. Kapitel

Nichts als Ärger

Julia saß an ihrem Tisch und malte. Einen hässlichen Prinzen mit einer Krone, auf einem schwarzen Pferd. Sie wollte es durch hohen Schnee stapfen lassen, aber irgendwie sah es nur so aus, als hätte das Pferd keine Füße.

»Verdammt«, murmelte sie und beschloss, erst mal mit dem Schloss des Königs weiterzumachen. Sie versuchte sich gerade daran zu erinnern, wie es aussah, als Olli reinkam.

»Was malst du denn da?«, fragte er und schielte über ihre Schulter.

»Einen Prinzen«, sagte Julia.

»Ich seh keinen Prinzen«, stellte Olli fest. »Nur einen Schimpansen auf einer schwarzen Kuh.«

»Vergiss es«, sagte Julia und malte weiter.

»Du hast ja noch gar nichts von deinem Teller gegessen!«, sagte Olli und streckte seine kleinen Wurstfinger nach einer Nougatkugel aus.

»Untersteh dich«, fauchte Julia, packte ihren Ni-kolausteller und schob ihn, so hoch sie konnte, ins Regal. Sie hatte wirklich noch nichts davon gegessen. Ihr war immer noch schlecht von all der Torte, die sie gestern auf dem Fest verspeist hatte.

Olli schlenderte zu ihrem Bett und kletterte hinauf. »Oh, Mann!«, sagte er und blickte in das siebte Fenster. »Das sieht ja richtig unheimlich aus. Ganz dunkel und voller Spinnweben. Brrr! Aber da in der Ecke stehen Farbeimer. Und – he! – da war gerade ein Heinzelmann!«

Julia hielt den Atem an.

»Komisch!«, brummte Olli. »Jetzt seh ich ihn nicht mehr.«

Julia atmete auf.

»Olli?«, sagte sie schnell und mit ihrer freundlichsten Stimme. »Willst du eine Krokantkugel?«

»Klar.«

»Nur wenn du sofort da runterkommst.«

»Gleich.«

»Nein, sofort.«

Seufzend kletterte Olli vom Bett. »Na gut, her mit der Kugel!«

Er hielt ihr seine kleine, dicke Hand unter die Nase.

Julia holte ihren Teller wieder vom Regal runter. Zum Glück halfen Süßigkeiten bei Olli immer.

»Mama hat dir heute Morgen deinen Schlüssel weggenommen«, stellte Olli mit zufriedenem Lächeln fest, während er Julias Krokantkugel lutschte.

»Kümmere dich um deinen eigenen Kram!«, sagte Julia.

Die ganze letzte Schulstunde hatte sie gezittert, weil Olli eine Stunde eher Schluss hatte als sie. Zum Glück hatte ihre Mutter ihn mit zum Einkaufen genommen. Doch was würde morgen sein, was übermorgen? Er hatte immer mindestens eine Stunde weniger Schule als sie. Und sie erwischte ihn immer häufiger vor dem Kalender. Ihren Schlüssel würde sie jedenfalls nicht so schnell wiederkriegen. Mama war furchtbar wütend wegen gestern Abend.

»Hau jetzt ab«, sagte Julia, »ich muss Schularbeiten machen.«

»Stimmt überhaupt nicht«, sagte Olli und war schon wieder auf dem Bett.

Er war so verdammt flink.

Julia packte ihn und zog ihn wieder herunter. Dann versuchte sie, ihn zur Tür zu zerren. Aber er kniff und trat um sich. Im Nu wälzten sie sich auf dem Teppich. Der Kleine wurde von Tag zu Tag stärker. Sie rollten hin und her, zerrten sich an den Haaren, boxten, kniffen, kratzten – und kugelten schließlich gegen etwas Hartes.

Die Beine ihrer Mutter.

Julia ließ blitzschnell Ollis Nase los, und Olli zog seine Finger aus Julias Haaren.

»Was ist bloß jetzt schon wieder los?«, schimpfte Mama. »Ich bin es wirklich leid mit euch beiden. Julia, guck dir bloß mal an, wie dein Bruder aussieht.

Olli hatte einen langen, roten Kratzer quer über der Backe.

»Na und?« Julia rappelte sich vom Teppich hoch. »Ist er doch selber schuld! Immer kommt er nur rauf, um mich zu ärgern.«

»Ich wollte nur ihren Kalender angucken«, sagte Olli mit weinerlicher Stimme. »Aber sie lässt mich nicht.«

»Was ist bloß los mit dir, Julia?«, sagte Mama und begutachtete besorgt Ollis Kratzer. Dass der etliche Haare von Julia in der Hand hatte, schien nicht so wichtig zu sein.

Ich wünschte, ich wäre bei Jakobus, dachte Julia, oder bei Melissa und Rosalinde. Da gibt es keine kleinen Brüder.

»Olli, geh bitte ein bisschen in dein Zimmer«, sagte Mama.

Sobald Olli murrend hinausmarschiert war, stellte sie sich vor Julia hin und sah sie forschend an.

»Also – was ist in den letzten Tagen los mit dir? Dauernd diese Abschließerei und dann deine Wutanfälle, wenn Olli sich deinen Kalender ansieht. Hast du vielleicht Ärger in der Schule oder mit einer deiner Freundinnen?«

»Nein!«, sagte Julia und drehte sich um. Sie

mochte es ganz und gar nicht, wenn ihre Mutter sie mit so einem Elternblick ansah.

»Julia«, Mama drehte sie zu sich um und streichelte ihr die Wange. »Ich weiß, dass es manchmal schwer ist mit kleineren Geschwistern. Aber stell dir mal vor, du hättest gar keine. Das wäre doch auch nicht schön, oder?«

Das wäre wunderbar, dachte Julia, absolut wunderbar.

Mama gab ihr einen Kuss auf die Nasenspitze. »Bitte gib dir ein bisschen Mühe, ja? Olli ist doch eigentlich ein netter, kleiner Kerl, und er mag dich sehr. Nur deswegen kommt er doch so oft hier rauf.

Von wegen, dachte Julia.

»Hast du Lust, mir beim Kochen zu helfen?«, fragte ihre Mutter und lächelte ihr aufmunternd zu. Julia nickte. »Aber nur, wenn Olli nicht auch hilft«, sagte sie.

»Das geht doch nicht!«, sagte ihre Mutter ärgerlich.

»Dann nicht!«, sagte Julia und schmiss sich auf ihr Bett.

Und Mama knallte die Tür hinter sich zu.

Eine ganze Weile lag Julia einfach nur da und schmollte. Als das zu langweilig wurde, stand sie auf und ging zum Fenster.

Sie sah nach draußen. Es wurde wärmer. Der Schnee war zu schmutzigen, nassen Klumpen zusammengeschmolzen. Die Bäume standen da wie dürre, düstere Skelette. Und der Himmel sah ebenso schmierig und grau aus wie der Schneematsch auf der Erde.

Trostlos.

Julia zog die Vorhänge zu, damit das graue Licht draußen blieb. Dann setzte sie sich an den Tisch und kaute trübselig auf einem Buntstift herum. Eigentlich musste sie noch Schularbeiten machen.

Ach was, sie malte lieber erst ihr Bild zu Ende. Irgendwie würde sie die Zeit bis zum Abend schon rumkriegen.

Sie malte dem Prinzen einen roten Mantel und dem Pferd grünes Zaumzeug. Den Himmel malte sie dunkelblau und die Tannen grün.

Von unten klang das Lachen ihrer Mutter herauf. Julia nahm das fertige Bild und hängte es neben den Kalender an die Wand. Dann spitzte sie die Ohren. Die da unten hatten anscheinend eine Menge Spaß. Olli kicherte in einem fort. Es war furchtbar langweilig, allein zu sein. Bestimmt erzählte Mama Olli Witze. Sie konnte das sehr gut. Kaputtlachen konnte man sich dabei.

Julia öffnete die Tür und lauschte.

Eigentlich bin ich jetzt lange genug beleidigt gewesen, dachte sie.

Und dann rannte sie, so schnell sie konnte, die Treppe hinunter.

Julia kam erst wieder in ihr Zimmer, als es draußen stockdunkel war. Sie knipste das Licht an – und zog hastig die Tür hinter sich zu.

»Melissa!«, sagte sie erschrocken.

Die dicke Elfe saß auf Julias Bett und blinzelte verwirrt in das helle Licht.

»Was machst du denn hier?«, fragte Julia. Sie lugte schnell nochmal durch die Tür die Treppe hinunter. Aber Olli war ihr nicht nachgekommen. Hastig schloss sie die Tür wieder und zog einen Stuhl davor.

»Warum stellst du den Stuhl vor die Tür?«, fragte Melissa erstaunt.

»Meine Eltern«, stammelte Julia, »und mein Bruder …«

»Hmm.« Melissa zuckte die Achseln. »Ich würde

mich geehrt fühlen, sie kennenzulernen. Oder
meinst du, sie mögen keine Elfen?«

»Das nicht …«, stotterte Julia.

»Egal«, sagte Melissa. Ihre zarten Flügel zuckten
aufgeregt hin und her. »Ich bin nur hier, um dir zu
sagen, dass du heute Abend besser nicht in das
siebte Zimmer kommst. Jakobus meint sogar, du
sollst die nächsten drei Fenster einfach zulassen.«

»Wieso das denn?«, fragte Julia erstaunt und setzte
sich neben die Elfe.

»Ach, weißt du«, sagte Melissa, »Rosalinde hat doch recht gehabt. Irgendwas stimmt mit dem Zimmer nicht. Als wir heute Morgen dort sauber machen wollten, sind uns die Putzlappen nur so um die Ohren geflogen. Die Farbeimer sind umgekippt, und andauernd haben wir alle die merkwürdigsten Geräusche gehört. Es war scheußlich. Guck hier, sogar meine Flügel sind voller Farbe!« Melissa hielt Julia empört eins ihrer zarten Flügelchen hin. Es war überall voll Farbspritzer.

»Scheußlich, nicht war?« Melissa seufzte. »Also, bleib du besser hier, bis wir wissen, was los ist, ja?«

»Na gut«, sagte Julia nicht gerade begeistert.

»Wunderbar!« Melissa flatterte von der Bettkante hoch und sah sich nervös in Julias Zimmer um. »Ich muss jetzt los«, sagte sie. »Rosalinde wartet mit dem Abendessen auf mich. Komisch«, die alte Elfe kicherte verlegen, »irgendwie macht mich deine Welt ganz durcheinander. Ich weiß auch nicht, wieso.« Kopfschüttelnd schwebte sie zum Kalender. »Mach's gut, Julia!«

»Mach's gut, Melissa.«

Die alte Elfe drehte sich besorgt nochmal um. »Aber Kindchen!«, sagte sie und kam hastig zurückgeflattert. »Lass doch den Kopf nicht so hängen! Am zehnten Dezember bist du auf jeden Fall bei den Heinzelmännern eingeladen. Und wenn du dich vorher langweilst, kommst du einfach bei Rosalinde und mir vorbei, ja?«

Julias Gesicht hellte sich sofort wieder auf. »Darf ich?«

»Ja, aber wieso denn nicht?«, rief Melissa. »Aber versprich mir, dass du die nächsten Fenster zulässt. Der alte Jakobus hat meistens recht mit seinen Ratschlägen.

»Ehrenwort!«, sagte Julia.

»Wuunderbar!«, rief Melissa und gab ihr einen dicken Kuss. »Bis bald!« Und schwups war sie verschwunden.

Julia kletterte aufs Bett und stellte sich stirnrunzelnd vor den Kalender. Vorsichtig spähte sie in das düstere siebte Fenster. Plötzlich war ihr das Zimmer dahinter unheimlich. Entschlossen drückte sie das Fenster wieder zu. Wer weiß, welchen Besuch ich sonst heute Nacht bekomme!, dachte sie. Als sie sich schlafen legte, traute sie sich nicht, dem Kalender den Rücken zuzukehren. Und als sie endlich einschlief, hatte sie scheußliche Träume.

10. Kapitel

Der unheimliche Besucher

»Du hast ja dein Fenster gar nicht aufgemacht!«, sagte Olli, als er am nächsten Morgen zum Spionieren in Julias Zimmer kam. »Und das von gestern ist wieder zu! Was soll das denn?«

»Das Bild dahinter ist blöd«, sagte Julia und packte hastig ihre Schulsachen zusammen.

»He, beeilt euch da oben!«, rief Mama von unten. »Ihr seid schon wieder spät dran!«

»Ich fand das Bild gut!«, sagte Olli. »So richtig schön gruselig. Bei mir war heute Morgen bloß ein blödes Schokoladenschaf dahinter.«

»Wie viel Stunden hast du heute?«, fragte Julia und knallte ihre Schultasche zu. »Zwei«, antwortete Olli.

Verflixt!, dachte Julia, während sie die Treppe hinuntergaloppierten. Sie hatte sechs! Wenn sie doch bloß ihren Schlüssel hätte!

Als sie um halb zwei aus der Schule kam, rannte sie sofort nach oben. Sie riss die Tür zu ihrem Zimmer auf und sah auf ihren Kalender. Fenster 7 und Fenster 8 standen sperrangelweit offen.

»Olliii!«, brüllte sie die Treppe hinunter. »Komm rauf!«

Ihre Mutter streckte den Kopf aus der Küchentür.

»Was schreist du denn so?«, fragte sie erstaunt.

»Olli ist nicht da. Er war schon weg, als ich nach Hause kam.«

»Er hat meine Kalenderfenster aufgemacht!«, sagte Julia. Sie zitterte vor Wut.

»Ich verspreche dir, dass ich mit ihm schimpfe, wenn er wiederkommt!«, sagte Mama.

»Das hilft doch überhaupt nichts!«, rief Julia verzweifelt. »Gib mir einfach meinen Schlüssel wieder!«

»Nein. Kommt nicht in Frage«, sagte Mama und verschwand in der Küche.

Ärgerlich machte Julia die Tür hinter sich zu und stieg aufs Bett. Jetzt, wo die Fenster schon mal auf waren, wollte sie wenigstens hineinsehen. Das siebte kannte sie ja. Das Zimmer hinter dem achten Fenster sah kein bisschen besser aus. Nur in einer Ecke hatte jemand begonnen, die Wand zu streichen. Und auf dem Fußboden schwamm eine Riesenlache weiße Farbe. Julia wollte die Fenster gerade wieder zudrücken, als sie hinter sich ein Geräusch hörte. Erschrocken fuhr sie herum. Aber da war nichts.

Sie runzelte die Stirn. Melissa hatte doch auch was von merkwürdigen Geräuschen erzählt. Komisch. Julia drehte sich wieder zum Kalender um. Hinter ihr knisterte Papier. Und dann schmatzte jemand.

»Olli?« Keine Antwort.

Julia wagte es kaum, sich umzudrehen. Vorsichtig sah sie über die Schulter. Ihr Nikolausteller war gerade dabei, vom Regal zu schweben. Mit elegantem Schwung landete er auf dem Tisch. Dann erhob sich eine Schokoladenkugel in die Luft. Ihr Papier fiel knisternd zu Boden, und die Kugel verschwand unter lautem Schmatzen im Nichts.

Julias Knie wurden weich wie Wackelpudding, und ihr Herz klopfte, als wollte es ihr gleich aus dem Hals springen.

»Aaah, schmeckt köstlich!«, sagte eine tiefe Stimme, und eine unsichtbare Hand wühlte in Julias Teller herum.

»Wer ist da?«, fragte Julia und presste ihren Rücken gegen die Wand.

Ein ekelhaftes Lachen war die Antwort, und ein unsichtbarer Mund verschlang gleich drei ihrer Marzipankugeln auf einmal.

Julia nahm all ihren Mut zusammen. »Verschwinde!«, sagte sie mit zittriger Stimme. »Verschwinde sofort aus meinem Zimmer.«

»Ich denke gar nicht dran!«, sagte die Stimme. »Außerdem ginge das auch gar nicht. Du stehst nämlich genau vor meinem Fenster.«

Erschrocken rückte Julia von dem Kalender weg. Ihr unsichtbarer Gast kam aus dem Kalender!

»Wer bist du?«, flüsterte sie.

»Das geht dich überhaupt nichts an«, sagte der Unsichtbare und biss ihrem wunderschönen Schokoladennikolaus den Kopf ab. »Und du brauchst auch gar nicht so dumm zu glotzen. Du siehst mich ja sowieso nicht!«

Julia wäre am liebsten auf ihn losgestürzt und hätte ihm ihr Kissen um die unsichtbaren Ohren gehauen. Aber sie traute sich nicht einmal vom Bett runter.

»Pfui Teufel, die Schokolade schmeckt ja scheußlich!«, schmatzte die ekelhafte Stimme. »Genauso scheußlich wie die aus den Schokohäusern! Igitt!«

»Sag mir jetzt endlich, wer du bist!«, sagte Julia. Es war ein scheußliches Gefühl, nur mit der Luft zu reden.

»Na gut!«, sagte der Unsichtbare. »Wenn du so drängelst. Ich bin ein Bote von Fürst Leopold.« Von Julias Nikolaus waren nur noch die Stiefel übrig. »Bääh!«, machte der Unsichtbare und warf sie auf den Teppich.

»Du kommst von Leo, dem Lügner?«, fragte Julia verdutzt.

Der Unsichtbare kicherte höhnisch. »So kannst du ihn meinetwegen auch nennen.«

»Aber was willst du?«, fragte sie.

»Du bist ja ein widerlich neugieriges Kind!«, sagte der Unsichtbare und rülpste. »Aber ich finde Kinder sowieso widerlich. Ihre Gehirne sind klein wie Erbsen, und dauernd stellen sie dumme Fragen. Ekelhaft!«

Julias Stuhl bewegte sich, und das Kissen drückte sich ein, als setzte sich jemand darauf.

»Ich will dir deine Frage aber trotzdem beantworten«, sagte der Unsichtbare. »Ich bin hier, um dich im Namen von Fürst Leopold zu warnen.«

»Warnen?«, fragte Julia und hielt den Atem an. »Wovor?«

Dies ist ein Foto des Unsichtbaren!

»Wage es nicht, noch einmal im Kalenderreich zu erscheinen!«, sagte der Unsichtbare mit drohender Stimme. »Sonst wirst du furchtbaren Ärger bekommen! Du störst Fürst Leopolds Pläne mit deinen lästigen Besuchen. Es hat ihm überhaupt nicht gefallen, wie du dich beim König eingeschmeichelt hast!«

»Aber ich habe mich überhaupt nicht eingeschmeichelt!«, rief Julia empört.

»Halt den Mund!«, knurrte der Unsichtbare, und Julias Stuhl kippte um. »Fürst Leopold mag keine

Gäste aus anderen Welten. Und besonders wenig mag er Kinder. Also bleib schön brav hier in deinem Zimmer und spiel mit deinen Puppen!«

»Und was ist mit Jakobus und Melissa und den anderen?« Julia machte ein trotziges Gesicht. »Darf ich die auch nicht mehr besuchen?«

»Wage es bloß nicht!«, sagte der Unsichtbare, und für einen Augenblick hatte Julia das Gefühl, seinen Atem zu spüren.

Da wurde sie plötzlich wütend. Sie wurde so furchtbar wütend, dass die Wut ihre Angst einfach wegpustete. »Verschwinde!«, schrie sie. »Du blöder, mieser Unsichtbarer! Sag Leo, dem Lügner, ich habe keine Angst. Und ich besuche meine Freunde, wann ich will!«

Einen Moment lang herrschte verblüfftes Schweigen. Dann hörte Julia wieder das hässliche Lachen.

»Ach, gib nicht so an!«, sagte der Unsichtbare und packte ihren Arm.

»Lass mich los!«, schrie Julia und biss mit aller Kraft dahin, wo sie die unsichtbare Hand spürte. Es fühlte sich an, als ob sie in Schaumstoff biss.

»Aaauuaaa!«, brüllte der Unsichtbare und ließ sie los.

Julia sprang vom Bett runter und begann wie wild in alle Richtungen zu boxen und zu treten.
»Aaauuu!«, heulte der Unsichtbare. »Hör auf! Hör sofort auf. Aaauuu!«
Aber Julia dachte gar nicht daran. »Verschwinde!«, schrie sie immer wieder und schlug wie verrückt mit den Fäusten in die Luft. »Geh zurück zu deinem fiesen Leo!«
»Was für ein Leo?«, fragte plötzlich eine Stimme hinter ihr. Julia erstarrte. Dann drehte sie sich erschrocken um.
Ihre Mutter stand in der Tür und blickte sie entgeistert an.
»Was machst du denn da?«
»Ich? Ich tobe nur ein bisschen!« Julia schnappte nach Luft.
Sie war völlig außer Puste.
»So, so«, sagte Mama ungläubig. »Du tobst. Willst du trotzdem zum Essen kommen?«
»Klar!«, sagte Julia. »Ich komme gleich. Ich will nur noch etwas aufräumen.«
»Aufräumen?«, sagte Mama. »Na gut. Bis gleich!« Und dann zog sie kopfschüttelnd die Tür wieder zu.
Julia seufzte erleichtert auf. Dann blieb sie ganz

still stehen und lauschte. Nichts. Absolut nichts. Kein Rascheln. Kein Schmatzen. Nichts. Er war weg. Ihr unheimlicher Gast war weg! Sie hatte ihn vertrieben.

Hastig sprang sie aufs Bett und klappte die letzten zwei Kalenderfenster zu. Sie drückte noch ein paar Mal mit dem Daumen drauf, bis sie ganz sicher war, dass sie auch wirklich zu waren.

Dann ließ sie sich erschöpft aufs Bett fallen.

Puuh, war das scheußlich gewesen! Aber sie hatte sich tapfer geschlagen. Mit einem zufriedenen Seufzer rappelte sie sich hoch und ging zur Tür.

Ohne Olli wäre das alles nicht passiert. Na warte, Brüderchen, dachte Julia, du kannst was erleben, wenn du nach Hause kommst. Meinen halben Teller hat dieser blöde Unsichtbare leer gegessen.

Von unten zog ein köstlicher Duft die Treppe herauf.

Melissa und Jakobus werden staunen, wenn ich ihnen erzähle, wie ich den Kerl verjagt habe, dachte Julia. Und dann lief sie mit stolzem Lächeln nach unten.

Jakobus und Melissa staunten wirklich, als Julia ihnen am Abend von ihrem Kampf mit dem Unsichtbaren erzählte. Jakobus war sehr beunruhigt von dem, was der Unsichtbare über Fürst Leopold gesagt hatte. Er berichtete gleich dem Prinzen davon und schärfte ihm nochmal ein, sich vor Leo in Acht zu nehmen. Aber Prinz Harry lachte nur und sagte, die Sache mit dem Unsichtbaren sei typisch für den dummen Leo, und Julia habe sich ja auch nicht erschrecken lassen.

Am nächsten Tag ließ Julia das neunte Fenster natürlich zu, und kein Olli kam, um sich darüber zu wundern. Er hatte von Julia und Mama so ein Donnerwetter zu hören gekriegt, dass er sich erst mal schmollend in sein Zimmer verkrochen hatte. Am Abend kam Melissa noch einmal kurz vorbei und berichtete Julia, dass sie das leere Stockwerk ganz gestrichen hatten, ohne auch nur einmal gestört worden zu sein. Der Unsichtbare war anscheinend spurlos verschwunden.

11. Kapitel

Die Entführung

Der zehnte Dezember war wieder mal ein Sonntag. Aber Julia war schon ganz früh wach, denn nach vier grauen Tagen schien zum ersten Mal wieder die Sonne in ihr Zimmer. Und außerdem konnte sie heute endlich wieder ein Kalenderfenster aufmachen. Nach ihrem scheußlichen Erlebnis mit dem Unbekannten traute sie sich erst kaum, es zu öffnen, aber schließlich siegte die Neugier.

Als sie das Bild sah, musste sie grinsen. Da standen vier kleine Betten nebeneinander, und in jedem lag ein kleiner, schnarchender Heinzelmann. Bei dem Anblick war sie nur froh, dass Olli sich immer noch nicht herauftraute.

Sie brachte das Sonntagsfrühstück hinter sich, den Sonntagsspaziergang, das Sonntagsmittagessen und das Sonntagsfernsehen. Dann ging sie hoch in ihr Zimmer. Sie schloss die Tür und sah sich gelangweilt um. Was nun?

Julia holte ihre Heinzelfraumütze unter der Matratze hervor und setzte sie auf. Dann sah sie zu den Heinzelmännern hinein. Aber leider schliefen die immer noch. Sie zuckte die Achseln. Vielleicht war das ja das Beste gegen Sonntagslangeweile. Sie legte sich aufs Bett und schloss die Augen. Wer weiß, vielleicht träumte sie ja was Spannendes.

»Julia?« Das war Mama.

Julia öffnete die Augen wieder und sah zur Tür.

»Ja, was ist?« Ach je, die Mütze! Hastig zog sie sie vom Kopf und stopfte sie unter ihr Kissen.

Ihre Mutter kam herein – mit Olli im Schlepptau. Julia wusste sofort, was jetzt kam.

»Wollt ihr euch nicht endlich wieder vertragen?«, fragte Mama. Olli klammerte sich an ihre Hand und versuchte, Julia nicht anzusehen. Stattdessen wanderte sein Blick zum Kalender.

»Okay«, sagte Julia, »ich vertrage mich wieder. Aber nur, wenn er schwört, dass er meinen Kalender in Ruhe lässt.«

»Ich schwöre«, murmelte Olli und starrte wie gebannt auf Julias Kalender. »Mama«, sagte er, »da sind Heinzelmänner auf dem Bild. Darf ich die mal angucken?«

Mama blickte Julia bittend an.

»Okay«, knurrte sie.

Wie der Blitz war Olli auf dem Bett. Er stellte sich so dicht vor den Kalender, dass seine Nase fast gegen die Pappe stieß.

»Toll!«, sagte er. »Richtige Heinzelmänner. In kleinen Betten. Die sehen richtig lebendig aus, Mama!«

Julia gähnte, so laut sie konnte, und legte sich wieder hin. Vielleicht half das ja.

Es half.

»Ja, toll«, sagte Mama und nahm den widerstrebenden Olli bei der Hand. »Komm jetzt, Julia ist müde.«

Olli warf seiner Schwester einen sehr, sehr misstrauischen Blick zu, aber er traute sich nicht, was zu sagen.

Sobald die beiden aus dem Zimmer waren, schaute Julia in den Kalender. Die Heinzelmänner schnarchten immer noch selig vor sich hin. Mann, die waren aber wirklich stinkfaul!

Gerade als sie das dachte, begann sich einer der kleinen Kerle zu räkeln. Er streckte seine kurzen Beine aus dem Bett und setzte sich auf. Dann gähnte er nochmal ausgiebig und stupste den Heinzelmann im nächsten Bett an. Und dann sah er Julia. Aufgeregt rief er seinen Brüdern etwas zu, und im Nu saßen alle vier Heinzelmänner aufrecht in ihren Betten und winkten Julia zu. Dann hüpfte Bert, der dickste und kleinste von ihnen, aus den Federn und verschwand im Nachbarzimmer. Als er wiederkam, hatte er eine große, runde Küchenuhr unterm Arm. Er legte einen kurzen Finger auf die 8 und sah Julia fragend an.

Als sie nickte, sahen sich die Brüder strahlend an. Dann sprangen sie alle aus den Betten, winkten nochmal und verschwanden nach nebenan.

Vielleicht sollte ich einfach noch ein bisschen zu ihnen hineinschauen, dachte Julia. Ich rutsche bestimmt gleich rüber. – Nein, das ist einfach zu gefährlich, und außerdem gibt es nachher Kuchen. Seufzend ließ sie sich wieder auf ihr Bett fallen und langweilte sich weiter.

Aber der Abend kam schließlich doch. Olli wurde ins Bett gesteckt, und ihre Eltern gingen ins Kino. Im Haus wurde es ganz still.

Julia wartete, bis es fünf vor acht war. Dann schlich sie auf Zehenspitzen die Treppe hinunter zu Ollis Zimmertür. Wie immer stand sie einen Spalt offen. Olli konnte nur einschlafen, wenn die Tür offen war und das Licht im Flur brannte. Sonst hatte er Angst. Er war eben noch ein richtiges Baby.

Mit angehaltenem Atem lugte Julia in sein Zimmer. Sein Atem ging ganz regelmäßig. Er schnarchte sogar ein bisschen.

Zufrieden drehte Julia sich um und schlich leise wieder nach oben.

Sie holte ihre rote Mütze unter dem Kopfkissen hervor und setzte sie auf. Nun konnte sie getrost ihren Besuch bei den Heinzelmännern machen.

Die Heinzelmänner waren wundervoll. Julia

konnte zwar immer noch nicht genau sagen, welcher nun Bert und welcher Bob und Bill oder Barney war, aber sie waren wundervoll, einmal weil sie nicht größer waren als sie selbst. Sie waren sogar kleiner. Aber auch weil man sie kitzeln durfte. Und es war wundervoll, wie gut man mit ihnen Blödsinn machen konnte.

Die vier waren wie nette, kleine Brüder. Sie hätte jeden von ihnen sofort gegen Olli eingetauscht. Trotz ihrer komischen Bärte.

Sie spielten Fangen und Blindekuh und Knüppelausdemsack und Spiele, von denen Julia noch nie etwas gehört hatte. In der Heinzelmann-Wohnung ging das sehr gut, denn außer ihren vier Betten stand nicht allzu viel in den Zimmern. In den Ecken lag nur jede Menge Spielzeug herum, und an die leeren Wände hatten die Heinzelmänner wilde, bunte Bilder gemalt.

Eigentlich hätte Julia ja nur in das erste Zimmer gedurft, aber das nahmen die kleinen Kerle nicht so genau. »Dann können wir ja gar nicht richtig spielen!«, sagten sie, und damit hatten sie natürlich recht. Als sie vom Fangenspielen ganz aus der Puste waren, fragten die vier Julia, ob sie Lust hätte zu kegeln.

»Klar!«, sagte sie und ließ sich auf den Fußboden plumpsen.

»Ich hole die Kegel!«, rief Barney und flitzte davon.

»Und wir holen die Kugeln!«, riefen seine Brüder und rannten hinterher.

Als Julia die Kegel sah, prustete sie los: »Die sehen ja alle aus wie Leo, der Lügner!«

»Stimmt!«, riefen die Heinzelmänner und grinsten. »Jakobus hat sie uns angemalt.«

»Sie sind toll!«, sagte Julia bewundernd.

Die Heinzelmänner machten alle Türen sperrangelweit auf und stellten die Kegel im vierten Zimmer auf. Dann liefen sie mit Julia in das erste Zimmer zurück. Es hörte sich herrlich an, als die schweren Kugeln über die alten Holzfußböden rollten. Wie Donnergrollen hallte es durch die Zimmer. Und wenn sie zwischen die silbernen Kegel krachten, klang das, als wäre der Blitz eingeschlagen.

Erst als alle Leos umgefallen waren, machten Julia, Bill, Bob, Barney und Bert eine Pause. Erschöpft und glücklich ließen sie sich auf die kleinen Betten fallen. »Mann, hat das Spaß gemacht«, sagte Julia und kicherte.

»Wir kegeln oft«, sagte Barney grinsend. »Bei manchen Leos ist der silberne Anzug schon ganz schön kaputt!«

Alle fünf prusteten los und kugelten sich auf den Betten.

Plötzlich setzte Bill sich auf und lauschte. »Seid mal still!«, sagte er. »Ich hab was gehört.«

Alle spitzten die Ohren.

»Da ist jemand auf der Treppe«, sagte Barney.

»Das sind ganz viele!«, sagte Bill.

»Kommt, wir sehen mal nach!«, rief Bert, und die vier kleinen Kerle stürzten zur Haustür.

Julia rannte hinterher.

Ein eisiger Wind fuhr ihnen entgegen, als Bob die Tür aufriss. Alle drängelten auf die kleine Plattform und sahen übers Geländer auf die Treppe hinunter.

»Da!«, schrie Bill und wäre vor Aufregung fast übers Geländer gefallen. »Da laufen welche!«

Tief, tief unten sah Julia einen großen, silbernen Wagen stehen. In seinem Scheinwerferlicht erkannte sie ein paar dunkle Gestalten, die über den Schnee rannten. Sie zerrten jemanden mit sich, aber Julia konnte nicht erkennen, wer es war.

»Die nehmen irgendjemanden mit!«, schrie sie.

Die schwarzen Gestalten schubsten ihren Gefangenen in das Auto. Dann sprangen sie auch hinein, der Motor heulte auf, und mit einem Ruck fuhr das Auto los.

Schon nach wenigen Augenblicken war es unter den kahlen Baumkronen verschwunden.

Julia und die Heinzelmänner sahen sich entgeistert an.

»Wer können die gewesen sein?«, fragte Barney entsetzt. »Und wen haben sie mitgeschleppt?«

»Harry!«, sagte Bob.

»Natürlich!«, riefen die anderen drei. »Harry!«

Sie stürzten zur Treppe, und Julia stürmte hinterher. Die Nacht war stockdunkel. Kein Mond. Keine Sterne. Nur der heulende, jaulende Wind. Er pustete ihnen winzige Schneeflocken ins Gesicht und rüttelte mit tausend eisigen Armen an der alten Wendeltreppe. Sie quietschte und ächzte in ihrer Verankerung, als würde sie jeden Augenblick auseinanderkrachen.

Halb erfroren und völlig außer Atem erreichten die fünf Harrys Wohnung. Julia musste sich erst mal gegen die Hauswand lehnen, so schwindlig war ihr von der schwankenden Treppe.

»Die Tür steht auf!«, sagte Bill.

»Harry?«, rief Barney. »Harry, bist du da?«

Es kam keine Antwort. Nur der Wind stöhnte und heulte, und die alte Tür knarrte in ihren Angeln. Die Wohnung des Prinzen war dunkel.

»Ich hab's ja gewusst!«, flüsterte Bob. »Ich hab's gewusst!«

»Lasst uns reingehen!«, sagte Barney.

Zögernd betraten sie die düstere Wohnung. Bill machte das Licht an.

»Oje!«, stöhnten die Heinzelmänner. Das Zimmer, in dem sie standen, sah furchtbar aus. Die Stühle waren umgeworfen, der Teppich verrutscht, und Blumentöpfe lagen zersplittert auf dem Boden.

Im nächsten Zimmer war es noch schlimmer. Überall auf dem Fußboden lag zerschlagenes Geschirr herum, der Tisch war umgeworfen, Harrys Bett war leer und zerwühlt, und die Bettdecke lag zerrissen daneben.

»Das sieht verdammt nach einer Entführung aus«, sagte Bill düster.

»Das stinkt nach Leo, dem Lügner!«, sagten die andern drei im Chor.

»Was seid ihr doch für schlaue Kerlchen!«, sagte eine Stimme, die Julia nur allzu gut kannte.

Einer der umgekippten Stühle schwebte zurück auf seine vier Beine, und ein höhnisches Lachen spukte durch den Raum.

»Das gibt's doch nicht!«, stöhnte Bert. Die Heinzelmänner fassten sich bei den Händen und starrten entgeistert auf den leeren Stuhl, der langsam vor- und zurückwippte.

»Das gibt es eben doch!« Der Unsichtbare kicherte. »Ich habe eure Freundin gewarnt. Aber sie wollte ja nicht hören. Da hat Fürst Leopold die Geduld verloren.«

»Was meint er?«, flüsterte Bill.

»Ich meine«, sagte der Unsichtbare, »dass er beschlossen hat, König zu werden, bevor noch mehr dieser lästigen Kinder hier auftauchen und der tattrige König Leos schöne Schokohäuser schließt.«

Entsetzt sahen die Heinzelmänner Julia an, aber die war wie betäubt und brachte keinen Ton heraus.

Wieder erklang das scheußliche Lachen. »Leopold wird Harry einsperren«, rief der Unsichtbare triumphierend, »und den verblödeten König wird er absetzen, und dann – schwuppdiwupp – ist Leo der König. So einfach ist das. Hahaa!« Der leere

Stuhl erhob sich und flog krachend gegen die Wand.

Erschrocken zogen die Heinzelmänner die Köpfe ein, und Barney presste sich schluchzend die kleinen Hände vors Gesicht.

»Macht's guuuut!«, heulte der Unsichtbare und fuhr wie ein eisiger Wind zwischen ihnen hindurch.

»Du Angeber!«, schrie Julia. »Ich hab dich schon mal verhauen. Und ich mach's gern nochmal, wenn du willst.«

»Paaah!«, brüllte der Unsichtbare und schleuderte das zerbrochene Geschirr gegen die Wand, dass ihnen Hören und Sehen verging. »Warte du nur ab, bis Leo König ist!«, zischte die grässliche Stimme direkt hinters Julias Ohr.

Wütend fuhr sie herum, aber diesmal war der Unsichtbare vorsichtiger. »Huuuiiih!«, brüllte er und warf ihnen Harrys Bettdecke über die Köpfe. »An eurer Stelle würde ich mir schon mal eine neue Wohnung suchen!« Und dann knallte er die Zimmertür zu, und es war totenstill.

»Den hast du mal verhauen?«, flüsterte Bert und sah Julia ungläubig an.

»Ja und wie! Der tut nur so gefährlich. In Wirklichkeit ist er ein Feigling.«

»Was machen wir jetzt bloß?«, stöhnte Barney.

»Wir sagen den andern Bescheid!«, sagte Bill. Sein Bart sträubte sich vor Wut. »Und dann befreien wir Harry.«

12. Kapitel

Das verlorene Geheimnis

Eine Stunde später fand im Wohnzimmer der Elfen eine verschwörerische Sitzung statt. Alle Kalenderhausbewohner waren da – Riesig, der stumme Riese, Bill, Bob, Barney und Bert, die beiden Elfen, Jakobus und Julia natürlich auch. Alle schäumten vor Wut. Schon nach zehn Minuten war es eine beschlossene Sache: Sie alle würden am nächsten Morgen, sobald es hell wurde, zur Schokoladenburg von Leo, dem Lügner, aufbrechen und sich ihren Prinzen zurückholen.

»Dieser Schurke denkt wohl, dass wir Angst vor ihm haben!«, rief Melissa. »Na, der wird sich aber wundern!«

»Wir haben nämlich überhaupt keine Angst!«, zwitscherte Rosalinde mit puterrotem Kopf. »Höchstens ein ganz kleines bisschen!«

Plötzlich zeigte Riesig mit seinem Riesenfinger auf sich und fuhr mit beiden Händen durch die Luft.

»Du kennst die Burg von Leo?«, fragte Jakobus. »Du hast daran mitgebaut, als du noch jung und stark warst?«

Riesig nickte zufrieden und malte mit einem Finger lauter Striche in die Luft.

»Du weißt auch, wo das Gefängnis ist?«, rief Jakobus. »Aber das ist ja wunderbar, Riesig!«

Riesig senkte verlegen den Kopf und lächelte.

»Wuuuunderbar!«, rief Melissa und verpasste dem Riesen einen schmatzenden Kuss auf seine große Nase.

»Gut!« Der kleine Erfinder rieb sich zufrieden die Hände. »Dann geht ihr jetzt alle ins Bett und schlaft euch aus. Ich werde mir überlegen, wie wir in die Burg reinkommen. Wir treffen uns morgen früh alle unten vor dem Haus. Julia, du kommst am besten durch die 24. Sonst musst du die ganze Treppe hinunter.«

»Ist gut«, sagte Julia erleichtert.

»Und ihr«, Jakobus sah die Heinzelmänner an, »ihr verschlaft euch nicht wieder, ja?«

»Bestimmt nicht!«, versprachen die Heinzelmänner im Chor.

»Bis morgen dann!« Julia winkte allen nochmal zu und ging zu einem der Kalenderfenster. Und während sie in ihr Zimmer blickte, stellte sie sich vor, wie sie Leo, den Lügner, nach einem furchtbaren Kampf gefangen nahm und in einen Schokoladenkalender steckte.

Als sie in ihrem dunklen Zimmer landete, klopfte ihr das Herz bis zum Hals. So aufgeregt war sie wegen des nächsten Tages. Sie würde bestimmt nicht eine Sekunde schlafen können.
Völlig unmöglich.
Sie würde nur pausenlos an die Heldentaten denken, die sie morgen vollbringen würde. Bestimmt gab es auf der ganzen Welt nicht einen einzigen Menschen, der schon mit neun Jahren einen Prinzen befreit hat.
Julia tappte durch das düstere Zimmer zum Lichtschalter und knipste das Licht an.
Olli saß im Morgenmantel auf ihrem Teppich und grinste sie an. »Ich weiß, wo du warst!«, sagte er triumphierend. »Du warst im Kalender. Ich hab dich gesehen!«
Julia stand da, wie vom Donner gerührt, und brachte keinen Ton heraus.
»Du hast auf einem Sofa gesessen«, plapperte Olli weiter, »zwischen richtigen Heinzelmännern. Und

da waren auch ein Riese und zwei Omas mit Flügeln und so ein kleiner Mann mit silbernen Locken.«

Er lügt, dachte Julia. Er lügt bestimmt. Ich hätte ihn doch sehen müssen!

»Ihr wart alle furchtbar aufgeregt«, erzählte Olli, »und habt mich überhaupt nicht gesehen. Und als du zum Fenster geguckt hast, hab ich mich ganz schnell geduckt, und dann hab ich auf dich gewartet!«

Er hat mein Geheimnis gestohlen!, dachte Julia. Und dann sitzt er auch noch da und platzt fast vor Stolz! »Du bist gemein, Olli!«, sagte sie. »Du bist ein gemeiner Spion!«

»Bin ich nicht!« Olli verzog schmollend die Lippen. »Ich hatte Angst, weil Mama und Papa weg sind, und dann bin ich raufgegangen. Und dann habe ich noch mehr Angst gekriegt, weil du auch weg warst.«

»Du bist trotzdem ein Spion«, sagte Julia wütend. »Und am liebsten würde ich dich jetzt verhauen!«

»Ich bin aber kleiner als du.« Olli zog den Kopf ein und sah sie ängstlich an.

»Allerdings«, knurrte Julia verächtlich, »und deshalb lass ich's auch. Weil du nur ein blödes Baby bist. Verschwinde, bevor ich's mir anders überlege. Ich will jetzt schlafen. Ich habe morgen was Wichtiges vor.«

»Was denn?«, fragte Olli und sah sie mit großen Augen an.

Julia konnte einfach nicht widerstehen. »Ich werde morgen einen echten Prinzen befreien«, sagte sie stolz. »Ein scheußlicher Schurke hält ihn in seiner Schokoladenburg gefangen.«

»Oh!« Olli sah seine Schwester bewundernd an.

»Also los!«, sagte Julia und begann sich auszuziehen. »Geh zurück in dein Zimmer. Und wehe, du sagst Mama was.« Sie schlüpfte in ihr Nachthemd.

»Ich erzähle ganz bestimmt nichts!«, versprach Olli und rappelte sich hoch. »Ehrenwort! Aber nur, wenn ich morgen mitdarf.«

»Waaas?«

»Nur, wenn ich morgen mitdarf.«

»Du spinnst.«

Olli machte sein trotzigstes Gesicht und verschränkte seine kurzen Arme vor der Brust.

»Ich will morgen mit«, sagte er, »ich will auch einen Prinzen befreien.«

»Du bist viel zu klein!«, rief Julia empört.

»Bin ich nicht!«, widersprach Olli böse. »Die Heinzelmänner sind bestimmt auch nicht größer als ich!«

»Du kommst nicht mit!«, sagte Julia wütend. »Schluss. Das ist mein Kalender. Und ein ekliger Spion wie du hat nichts darin zu suchen!« Sie kroch in ihr Bett, zog die Decke bis unter die Nase und drehte ihrem Bruder den Rücken zu.

»Ich will mit!«, sagte Olli. »Sonst erzähle ich alles Mama. Und die nimmt dir den Kalender dann weg.«

Julia holte tief Luft. Sie hatte das Gefühl, dass ihr Kopf jeden Moment vor Wut platzen würde. »Also gut«, sagte sie, ohne sich umzudrehen. »Ich nehme dich mit. Aber glaub bloß nicht, dass ich mich um dich kümmere.«

»Das brauchst du auch nicht«, meinte Olli, »ich bin schon groß!« Und dann machte er das Licht aus und knallte die Tür hinter sich zu.

Julia rollte sich auf den Rücken und blickte zum Kalender. Er glitzerte und blitzte in der Dunkelheit wie in der ersten Nacht. Wie viel Schönes und Aufregendes hatte sie seitdem erlebt! Aber heute passierte ein Unglück nach dem anderen! Sie rollte sich wieder auf die Seite und boxte in ihr Kissen.

Unten schloss jemand die Haustür auf. Ihre Eltern kamen nach Hause.

Wenn ihr wüsstet!, dachte Julia, und dann schlief sie doch noch ein.

13. Kapitel

Der Aufbruch

»Tschüs, Mama!«, sagte Julia und nahm Olli bei der Hand.

»Tschüs, ihr beiden«, sagte ihre Mutter und gab jedem einen Kuss.

Julia bekam ein furchtbar schlechtes Gewissen, und Olli sah Mama an, als wollte er jeden Moment alles verraten. Rasch zog sie ihn hinter sich her zum Gartentor. Dort sah sie sich rasch nochmal um. Ihre Mutter war schon wieder im Haus verschwunden.

»Komm!«, zischte Julia und zerrte Olli über die Straße. Sie versteckten sich hinter ein paar kahlen Büschen auf der anderen Straßenseite und spähten von dort vorsichtig durch die dürren Zweige zu ihrer Haustür hinüber.

Jetzt mussten sie nur noch darauf warten, dass Mama zur Arbeit ging.

»Sie kommt!«, flüsterte Olli.

Julia lugte über seine Schulter und sah ihre Mutter aus dem Gartentor kommen. Sie ging mit hastigen Schritten den matschigen Bürgersteig entlang und verschwand dann um die Ecke.

»Jetzt!«, sagte Julia und schubste Olli vor sich her. Sie rannten durch den Garten zur Haustür. Julia zog ihren Schlüssel aus der Hosentasche und schloss auf. Dann stürmten sie die Treppe rauf zu ihrem Zimmer. Olli kam keuchend hinterhergetrampelt.

»Versteck deine Schultasche unter meinem Bett«, sagte Julia.

»Wann kommen wir denn zurück?«, fragte Olli.

»Keine Ahnung«, brummte Julia und stieg mit ihren schlammigen Stiefeln aufs Bett.

»Ist auch egal«, sagte Olli und kam kichernd hinterher, »ich habe Mama gesagt, dass wir nach der Schule zu Oma gehen.«

Julia warf ihrem Bruder einen erstaunten Blick zu. Ganz schön schlau, dachte sie, aber laut sagte sie das natürlich nicht. Stattdessen öffnete sie vorsichtig das große Tor mit der 24.

»He, was machst du denn da?«, fragte Olli erstaunt.

»Sei ruhig«, sagte Julia. »Stell dich neben mich und schau auf das Bild.«

Sie blickten in eine große Garage. Sie war doppelt so hoch wie die Zimmer, die Julia bisher im Kalenderhaus gesehen hatte, und auch mindestens doppelt so breit. Wie eine Garage sah sie eigentlich nur aus, weil in der Mitte ein großes, sehr merkwürdig aussehendes Auto parkte. Drum herum aber standen in Kästen und auf Kisten, in großen und kleinen Töpfen, in Eimern und Konservendosen Hunderte von Blumen. Überall zwischen ihren Blättern glühten winzige Lämpchen als Ersatz für die fehlende Sonne.

Als Julia es schaffte, ihre Augen von all den bunten Blüten loszureißen, merkte sie, dass sie bereits in der Garage stand. Der ganze, riesige Raum war vom Duft der Blumen erfüllt.

»Oooh!«, sagte Olli. Er stand mit offenem Mund hinter ihr und schnüffelte in der Luft herum wie ein Kaninchen. »Wir sind da!« Er sah sich staunend um. »Mannomann, ist das verrückt!« Seine Augen wurden größer und größer.

Gleich springen sie ihm aus dem Kopf, dachte Julia.

»Guck mal das Auto, Julia!«, rief er und rannte mit seinen kurzen Beinen darauf zu. »Guck doch mal. Wem gehört das wohl?«

»Das? Das gehört bestimmt Jakobus.« Julia stellte sich neben ihn. »Er ist nämlich Erfinder.«

»So ein Auto habe ich noch nie gesehen«, sagte Olli andächtig.

Das Auto war genauso verrückt wie die Ballonbadewanne. Es hatte acht hohe Räder, die aussahen wie die Räder von Julias Fahrrad. Sein Bauch war ein langes, spitzes Holzboot, in dem hintereinander vier Sessel mit abgesägten Beinen standen. Als Dach war hinter jedem Sessel ein Plastikregenschirm befestigt, und das Lenkrad war ein Fahrradlenker.

Olli wollte gerade auf den Fahrersitz klettern, als sich ein großes Tor auf der anderen Seite der Garage öffnete und Jakobus mit Riesig hereinmarschiert kam.

»Guten Morgen!«, rief der kleine Mann und winkte Julia fröhlich zu. Er hatte seinen schwarzen Mantel an, eine dunkelblaue Perücke auf dem Kopf und einen großen Korb in der Hand. Riesig winkte ebenfalls. Er war genau doppelt so groß wie Jakobus, aber in der hohen Garage brauchte selbst er sich nicht zu bücken.

»Oh, du hast ja noch jemanden mitgebracht!«, sagte Jakobus überrascht. »Ist das nicht dein Bruder?«

Olli bekam einen roten Kopf und griff nach Julias Hand.

»Ja«, antwortete Julia, »er wollte unbedingt mit.«

»Sehr erfreut!«, sagte Jakobus und verbeugte sich vor Olli. »Ich bin Jakobus, der Erfinder, und das hier ist Riesig. Wir freuen uns sehr, dass du unser Gast bist. Auch wenn es heute für dich etwas gefährlich werden könnte.«

»Das macht mir gar nichts«, sagte Olli und ließ Julias Hand beruhigt wieder los. »Hast du das Auto gebaut?«

»Ja!« Jakobus strahlte. »Gefällt es dir?«

»Es ist toll!«, sagte Olli.

»Huuhuuuh!« Melissa kam mit Rosalinde hereingeflattert. »Da sind wir schon!«

Ollis Augen wurden rund wie Tennisbälle.

»Wer ist denn dieser kleine Mann?«, fragte Melissa und flatterte entzückt auf Olli zu. »Ist das etwa noch ein Gast?«

»Das ist mein Bruder Olli«, sagte Julia.

»Oh, wie reizend!«, zwitscherte Rosalinde, »Bruder und Schwester!«

Julia warf Olli einen mürrischen Blick zu. Der wusste gar nicht, wen er zuerst anstarren sollte, und platzte fast vor Glückseligkeit.

»Wo bleiben die Heinzelmänner?« Jakobus runzelte die Stirn. »Die haben wohl doch mal wieder verschlafen, was?«

»Allerdings!«, sagte Melissa. »Aber wir haben sie gerade aus dem Bett geschmissen.«

»Da kommen sie schon!«, rief Rosalinde. Sie war an diesem Morgen sehr blass und flatterte vor Aufregung in einem fort hoch und runter.

Bill, Bob, Barney und Bert sahen noch sehr, sehr verschlafen aus. Gähnend tapsten sie einer nach dem andern in die Garage – und blieben wie angewurzelt stehen, als sie Olli sahen. »Ooh!«, staunten sie einstimmig.

Es war Liebe auf den ersten Blick. Olli war haargenau so groß wie die vier Heinzelmänner. Er hatte die gleichen kurzen, krummen Beine, die gleiche Stupsnase und die gleichen runden, dunklen Augen. Nur der Bart fehlte.

»Bist du auch ein Heinzelmann?«, fragten die vier im Chor.

»Leider nicht«, antwortete Olli, »ich bin ihr Bruder.« Und er zeigte mit seiner kleinen Hand auf Julia.

»Ach so!«, sagten die Heinzelmänner und lächelten ihn verzückt an.

»Alles einsteigen!«, rief Jakobus. »Wir müssen los. Sonst ist Harry in Leos Kerker verhungert, bis wir kommen.«

»Willst du uns nicht erst mal erzählen, was du dir ausgedacht hast, um in Leos Burg zu kommen?«, fragte Melissa neugierig.

»Das erzähl ich euch, wenn wir da sind.« Jakobus lächelte verschmitzt. »Jetzt steigt erst mal ein.«

»Nein danke, wir fliegen lieber!«, flötete Rosalinde.

»Wie ihr wollt«, sagte Jakobus und kletterte mit seinem Korb auf den Fahrersessel. Riesig klemmte sich auf den zweiten Sitz, und die Heinzelmänner setzten sich auf die letzten zwei Sessel.

»Und wir?«, fragte Julia ratlos.

Die Heinzelmänner zwinkerten Olli zu und grinsten ihn einladend an. Begeistert klemmte er sich zwischen Barney und Bert. Julia platzte vor Neid. So eine Gemeinheit! Schließlich war sie Ehrenheinzelfrau. Da sah sie, dass Riesig den mächtigen Kopf schief legte und sie fragend ansah. Glücklich kletterte Julia auf seinen Schoß und lehnte sich gegen den warmen Bauch des Riesen.

»Los geht's!«, rief Jakobus und ließ den Motor an. Er surrte wie Julias kleine Flugmaschine.

»Jetzt kann Leo, der Lügner, was erleben!«, rief Melissa und flatterte mit Rosalinde voran.

»Harry, wir kommen!«, rief Jakobus und warf seine blaue Perücke in die Luft.

Dann rollte das merkwürdige Gefährt mit beachtlicher Geschwindigkeit hinaus in den Schnee.

14. Kapitel

Die Schokoladenburg

Die Schokoladenburg von Fürst Leopold lag am Rand eines hohen, zerklüfteten Gebirges. Vor ihren Mauern standen nur ein paar windzerzauste Tannen und einige struppige Büsche im hohen Schnee. Dicke Felsbrocken markierten die breite Straße, die zum Burgtor führte, und überall standen Schilder mit der Aufschrift ›Näherkommen verboten‹. Jakobus lenkte sein Gefährt hinter einen hohen Felsen und hielt an.

»Alles aussteigen!«, rief er. »Endstation!«

»Aber bis zur Burg ist es doch noch so weit!«, maulten die Heinzelmänner.

»Ich will nicht, dass man uns jetzt schon bemerkt«, sagte Jakobus und hob seinen Korb aus dem Auto. »Hier können wir erst mal alles in Ruhe besprechen.«

»Pfui Teufel, sieht die Burg unheimlich aus!«, sagte Julia und lugte an den Felsen vorbei zu den klobigen, braunen Burgmauern hinüber. Finster und bedrohlich ragten sie in den blauen Himmel.

Olli und die Heinzelmänner drängten sich neugierig neben sie. Julia warf ihnen einen ärgerlichen Blick zu. Die ganze Fahrt über hatten sie mit Olli herumgealbert, diese Verräter. »Ist die Burg wirklich aus Schokolade?«, fragte Olli.

»Allerdings. Sie ist nach einem Spezialrezept hergestellt«, sagte Bill, »damit sie in der Sonne nicht schmilzt.«

»Und schmeckt sie auch?«, fragte Olli.

»Keine Ahnung«, antwortete Bill. »He, Riesig, schmeckt die Burgschokolade?«

Riesig strich sich über den Bauch, verdrehte die Augen und leckte sich über die Lippen.

»Anscheinend ja.« Bill kicherte.

Jakobus war währenddessen dabei, seinen geheimnisvollen Korb auszupacken. Als Erstes zog er eine kleine Decke heraus und legte sie in den Schnee.

»Jakobus, du willst doch nicht allen Ernstes jetzt ein Picknick machen?«, fragte Rosalinde entsetzt.

»Spann uns doch nicht so auf die Folter, Jakobus!«, schimpfte Melissa. »Ich halte es nicht aus, dass der arme Harry auch nur eine Minute länger in Leos Kerker sitzt.«

»Ich bin ja gleich so weit!«, sagte Jakobus und kicherte vergnügt vor sich hin. Er holte ein paar kleine Dosen, eine große Tüte, einen Farbbeutel, ein paar Pinsel und ein langes Seil aus seinem Korb und legte alles nebeneinander auf die Decke.

»So«, sagte er zufrieden, »das ist alles, was wir für Harrys Befreiung brauchen.«

Seine Freunde sahen ihn ungläubig an.

»Rosalinde«, sagte Jakobus, »die Tüte ist für dich. Das Seil hier ist für Melissa, der Farbbeutel für Julia, und die Pinsel und Dosen nehmen Olli und die Heinzelmänner.«

»Ich versteh überhaupt nichts!«, zwitscherte Rosalinde und betrachtete ratlos die Tüte in ihren Händen.

»Ich auch nicht!« Melissa hängte sich ihr Seil um den Hals.

»Was sollen wir denn mit den Pinseln?«, fragten Olli und die Heinzelmänner im Chor, und Julia besah sich verständnislos den blauen Farbbeutel.

Jakobus runzelte ärgerlich die Stirn. »Habt doch ein bisschen Geduld«, sagte er und stopfte seine Decke wieder in den Korb.

»Na, du bist gut«, sagte Melissa, »meine Flügel sind schon ganz steif von der Kälte!«

Der kleine Erfinder warf ihr einen sehr strengen Blick zu und räusperte sich. »Julia«, begann er, »du wirst Riesig begleiten, und dein Bruder hilft den Heinzelmännern.«

»Aber wobei denn?«, fragte Bert ungeduldig.

»Das werde ich euch jetzt sagen.« Und dann erklärte Jakobus ihnen endlich seinen Plan.

Die Heinzelmänner marschierten als Erste los – mit Olli im Schlepptau. Sie sangen vor sich hin und schlenderten so gemächlich, als wären sie auf einem Sonntagsspaziergang, direkt auf das Tor der Schokoladenburg zu.

»Heee, was wollt ihr denn?«, brüllte eine Wache von den hohen Mauern herunter. »Habt ihr nicht die Schilder gesehen?«

»Die Schilder?«, rief Olli und sah mit seinen Unschuldsaugen nach oben, während die Heinzelmänner unbeirrt weitergingen. »Doch, die haben wir gesehen, aber wir können nicht lesen!«
Die Wache lachte höhnisch. »Ja, so seht ihr auch aus, ihr Zwerge!«
Die Heinzelmänner standen jetzt dicht vor dem großen Tor. Bill stieg auf Berts Schultern, Barney zog sich hinauf zu Bill, und Bob stieg hastig auf Barneys Schultern. Dann begannen sie flink, den Inhalt ihrer Dosen in die Ritze zwischen den Torflügeln zu pinseln. In den Dosen war bombenfest klebender Zuckerguss.
»He!«, brüllte die Wache misstrauisch zu Olli hinunter. »Wo sind denn deine Freunde geblieben?«
Er beugte sich über die Brüstung und entdeckte die pinselnden Heinzelmänner. »Heee!«, schrie er entgeistert. »Was macht ihr kleinen Burschen da? Kommt sofort da weg!«
Das war das Stichwort für Melissa und Rosalinde. Sie flatterten hinter dem Felsen hervor und schwirrten, so schnell sie konnten, auf die Burg zu.

»Haaaalloooo!«, rief Melissa und schwebte dem schimpfenden Wachposten direkt vor die Nase. »Haaalloo, Herr Wachtmeister!«

»Was ist denn hier los?« Vier weitere Wachen kamen auf die Mauer gestürmt.

»Wir wollen den künftigen König sprechen!«, zwitscherte Rosalinde und flatterte so um sie herum, dass sie nicht zu Olli und den Heinzelmännern heruntersehen konnten. Die hatten ihre Dosen inzwischen fast leer gepinselt, und Bill schrieb gerade mit dem Rest Zuckerguss ›Hier wohnt Leo, der Lügner‹ auf das Tor.

Als Jakobus vom Felsen aus sah, wie gut die Elfen die Wachen ablenkten, gab er Julia und Riesig ein Zeichen. »Los!«, sagte er. »Aus dem Tor kommt niemand mehr raus, und die Wachen sind beschäftigt. Jetzt seid ihr dran. Viel Glück und bis gleich!«

Riesig nahm Julia auf die Schulter und rannte mit ihr in Windeseile auf die Burg zu. Dabei verbarg er sich immer wieder hinter den großen Felsblöcken entlang der Straße. Als er die Burgmauer erreichte, rannte er an ihr entlang, bis er zur Rückseite der Schokoladenburg kam.

Das Kichern der Elfen und das Schimpfen der Wachen war bis hierher zu hören.

Riesig setzte Julia behutsam in den Schnee und zeigte auf den Turm, der vor ihnen in den Himmel ragte. Ganz oben erkannte Julia ein kleines, vergittertes Fenster. »Ist es da?«, fragte sie leise.

Riesig nickte.

»Was geht hier vor?«, brüllte plötzlich eine tiefe Stimme.

»Majestät!«, rief eine Wache. »Wir haben ein paar merkwürdige, kleine Kerle unten vorm Tor und zwei verrückte Elfen, die Sie sprechen wollen.«

Rosalinde und Melissa schwirrten auf der Stelle und winkten freundlich nach unten.

Da stand Leo, der Lügner, auf der Mauer seiner Burg, die Arme in die Seiten gestemmt, und das Silber seines Anzugs glitzerte in der Sonne. Wütend starrte er zu den flatternden Elfen hinauf. Julia hielt den Atem an.

»Hallo, Leo!«, zwitscherte Rosalinde. Sie war vor Aufregung weiß wie Neuschnee. »Wir haben dir etwas mitgebracht!«

Und damit kippte sie den Inhalt ihrer Tüte Leo, dem Lügner, und seinen Wachen in die verdutzten Gesichter. Wolken von weißem Pulver rieselten herab. »Haaattschi!«, scholl es mehrstimmig zu Julia hinunter, und auf den dicken Mauern begann ein Nieskonzert ohne Ende. Wie der Blitz fegte Melissa auf das vergitterte Turmfenster zu und band ihr Seil an einen der Eisenstäbe. »Fang!«, rief sie zu Riesig hinunter. Der schnappte das Seil mit seinen großen Händen, wickelte es sich um ein Handgelenk – und riss mit *einem* Ruck das Gitter aus dem Fenster.

»Haaalt!«, brüllte Leo, der Lügner, und starrte entsetzt mit seinen verquollenen Augen zu dem offenen Fenster. Aber dann musste er so kräftig niesen, dass er fast über die Brüstung gekippt wäre. Als er die Augen wieder aufbekam, erblickte er plötzlich Julia und Riesig. »Wachen vors Tor!!«, keuchte Leo. »Fasst den Riesen. Fasst das Mädchen. Fasst sie alle!«

»Das Tor lässt sich – hatschii –, lässt sich nicht öffnen, Majestät!«, schallte es aus dem Burginnern herauf.

»Hier, Leo, das ist auch noch für dich!«, rief Julia und begann den Fürsten mit dicken Schneebällen zu beschießen. Noch nie hatte sie bei einer Schneeballschlacht so einen Spaß gehabt.

»Harry, komm raus!«, rief Melissa.

Harrys verdutztes Gesicht blickte aus dem Kerkerfenster.

Riesig begann wie wild mit den Armen zu fuchteln.

»Spring in Riesigs Arme!«, rief Julia dem Prinzen zu. »Er fängt dich auf!«

Harry zögerte ein paar Augenblicke lang. Aber dann kletterte er entschlossen aus dem Fenster, kniff die Augen zu und hüpfte in die Tiefe.

Riesig machte einen gemächlichen Schritt nach vorne, und Harry landete wohlbehalten in seinen Armen.

»Neeeiiiin!«, stöhnte Leo, der Lügner, zwischen zwei furchtbaren Niesern. Er hing mit triefender Nase über der Mauer und starrte ungläubig nach unten.

»Verstärkung!«, hörte Julia die Heinzelmänner auf der anderen Seite brüllen, und etliche Schneebälle kamen über die Mauer geflogen.

Harry sprang mit einem Satz von Riesigs Armen.

»Ich danke euch!«, rief er und grinste sein allerbreitestes Grinsen. »Hallo Leo!« Spöttisch winkte er dem triefenden, schniefenden Fürsten zu. »Wir sehen uns bei meiner Krönung!«

Leo war viel zu sehr mit Niesen beschäftigt, um zu antworten, aber jemand anders antwortete für ihn.

»Ihr habt mich vergessen!«, schrie der Unsichtbare

und kam wie ein Wirbelwind die Mauer heruntergeschossen. Der Schnee knirschte unter seinen unsichtbaren Füßen, als er auf der Erde landete. Die Elfen vergaßen fast das Flattern, und Riesig und Harry blickten verblüfft um sich.

Nur Julia begann breit zu grinsen. »Wir haben dich nicht vergessen!«, sagte sie und zog den blauen Farbbeutel aus der Jacke. »Da, du Unsichtbarer!« Und dann schleuderte sie den prall gefüllten Beutel dahin, wo die unsichtbaren Füße sich in den Schnee drückten. Der Beutel zerplatzte mit einem Knall, und zum ersten Mal konnte Julia den scheußlichen Unsichtbaren sehen. Er war kaum größer als Olli.

»Oooh, verdammt!!«, jaulte er und sah entsetzt an sich hinunter. Dann warf er Julia einen hasserfüllten Blick zu und raste wie ein blauer Blitz über den Schnee davon.

»Das werdet ihr bereuen!«, krächzte Leo von der Mauer herunter, aber niemand beachtete ihn.

»Jakobus kommt!«, riefen die Heinzelmänner.

Wenige Augenblicke später schlingerte der kleine Erfinder mit seinem Wagen um die Burgecke und hielt vor Riesig, dem Prinzen und Julia an. »Steigt ein!«, rief er. »Das Pulver wirkt nicht mehr lange!«

Olli und die Heinzelmänner saßen bereits strahlend auf ihren Sitzen. Riesig nahm Julia wieder auf den Schoß, und Harry quetschte sich neben Jakobus.

»Was ist mit Melissa und Rosalinde?«, fragte der Prinz.

»Die haben noch was zu erledigen«, sagte Jakobus und ließ den Motor an.

»Was denn?«, fragte der Prinz erstaunt und sah zu den flatternden Elfen hinauf. Die schwebten jetzt genau über Leo, dem Lügner. Jakobus wollte gerade antworten, als Melissa Rosalinde plötzlich zuzwinkerte.

»Leoo!«, flöteten die beiden alten Damen und flatterten langsam tiefer. »Es geht auf die Reise!« Und dann griff jede von ihnen sich einen von Leos dicken Armen, und ehe er sich's versah, schwebte der Fürst mit den Elfen über die Mauer.

»Auf zum Königsschloss!«, rief Melissa.

»Auf zum Königsschloss!«, rief Jakobus und fuhr los.

Die alten Elfen flogen mit dem zappelnden Leopold hinterher. Und die immer noch niesenden Wachen konnten ihnen nur hilflos nachschauen.

15. Kapitel

König Harry, der Hässliche

Es dämmerte bereits, als sie den Palast erreichten. Als Jakobus vor dem großen Haupttor anhielt, merkten alle gleich, dass etwas nicht stimmte.

»Es ist alles so still und leer!«, sagte Julia und sah sich verwundert um. »Wo sind denn die ganzen Leute hin?«

»Das ist bestimmt Leos Werk«, sagte Jakobus, »nicht wahr, Leo?«

»Lasst mich in Ruhe!«, knurrte Leo. Er hing immer noch wie ein nasser Mehlsack zwischen den beiden Elfen.

»Jakobus, können wir ihn jetzt endlich wieder auf seine Füße stellen?«, japste Rosalinde. »Der Bursche ist wirklich furchtbar schwer.«

»Ja, natürlich«, sagte Jakobus. »Riesig kann aufpassen, dass er nicht versucht wegzulaufen.«

Aber Leo sah nicht so aus, als ob er weglaufen wollte. Seine Nase war immer noch knallrot vom

Niesen, und das Gesicht drum herum war kreide-
weiß vom Fliegen.

»Kommt, wir gehen rein!«, sagte Harry. »Ich will
sehen, was da los ist.«

Riesig legte Leo, dem Lügner, seine große Hand
auf den Kopf. Der warf seinen Entführern einen
giftigen Blick zu und ging dann auf wackligen Beinen neben dem Riesen her.

Die Gänge und Treppen und Säle des Palastes waren menschenleer, und vor der großen Tür zum
Thronsaal stand kein dicker, kleiner Türsteher, um
ihnen zu öffnen. Harry stieß die Tür auf. Der
große Saal lag still und leer da. Nur ganz hinten
auf dem Thronsessel saß eine zusammengesun-
kene Gestalt und schluchzte leise vor sich hin.

»Was ist denn hier los?«, rief Harry besorgt und lief
auf den Thron zu.

Hinter ihm her kamen Jakobus und Julia, Rosalinde und Melissa – ausnahmsweise zu Fuß –,
Bill, Bob, Barney, Bert und Olli und ganz am
Ende Riesig mit seinem verschnupften Gefangenen.

Der alte König hob überrascht den Kopf und sah
der merkwürdigen Prozession mit verweinten
Augen entgegen. »Harry?«, fragte er ungläubig

und erhob sich auf seine langen, dünnen Beine.
»Aber ich dachte...«

»Du dachtest, ich bin auf Leos Burg gefangen«, sagte Harry und grinste. »Das war ich auch. Aber meine Freunde hier haben mich befreit!«

Aus den Sorgenfalten des Königs wurden tausend kleine Lachfalten. »Aber das ist ja wunderbar!«, rief er und klatschte in die Hände vor Begeisterung. »Ist das da hinter dir nicht dieser kleine Erfinder, dieser – warte, ich hab's gleich – dieser...«

»Jakobus!«, sagte Jakobus und verbeugte sich.

»Genau!«, rief der König entzückt und kam hastig die Throntreppe heruntergestiegen. »Und das Mädchen da kenne ich doch auch! Sie heißt...«

»Julia«, sagte Harry. »Sie heißt Julia, Vater. Und das hier sind die Elfen Melissa und Rosalinde.«

Die beiden Elfen kicherten verlegen und machten einen Knicks.

»Und das sind Bill, Bob, Barney und Bert«, fuhr der Prinz fort, »und der Junge, der neben ihnen steht, ist Olli, Julias kleiner Bruder.«

»Sind Sie ein echter König?«, fragte Olli und sah den alten Mann mit staunenden Augen an.

»Ich weiß es nicht!«, sagte der König und zuckte ratlos die hageren Schultern.

»Wieso weißt du das nicht?«, fragte Harry erstaunt. »Das hast du doch wohl nicht auch schon vergessen?«

»Nein, nein!«, sagte der alte König beleidigt. »Aber Leo hat mich doch gezwungen, abzudanken. Er hat gedroht, dich für ewig in seinem Kerker schmoren zu lassen, wenn ich *ihn* nicht zum König mache. Deswegen«, der König sah sich um, »deswegen ist es hier auch so leer! Sie hatten alle Angst vor Leo und wollten nichts mehr von mir wissen.«

»So, so!«, sagte Harry. »Riesig, bring doch mal unsern Gefangenen her.«

Riesig nahm Leo kurzerhand am Kragen und trug ihn vor den König.

Da stellte er ihn wieder auf die Füße, aber er legte ihm beide Hände auf die Schultern.

»Oh!«, rief der König erstaunt. »Da ist ja Leo! Warum hat er denn bloß so eine rote Nase?«

»Das ist eine lange Geschichte«, sagte Harry, »die erzählen wir dir ein anderes Mal. Jetzt möchte ich nur wissen, ob du ihn schon zum König gemacht hast.«

»Nein, nein!«, antwortete der König. »Die Krönung sollte am nächsten Sonntag stattfinden, auf seiner Burg.«

»Na, daraus wird nun nichts«, meinte Harry zufrieden, »du bist der König.«

»O nein!«, rief sein Vater und schüttelte sehr energisch den Kopf. »Das kommt überhaupt nicht in Frage! Davon habe ich endgültig die Nase voll! Aber wie ist es mit dir?«

»Wenn es sein muss«, sagte Harry, »aber nur, wenn ich nicht in diesem Palast wohnen muss. Ich will bleiben, wo ich bin – im Kalenderhaus. Bei meinen Freunden.

»Das kannst du machen, wie du willst«, sagte der König.

»Hurra, König Harry!«, rief Melissa.

»Hurra, hurra, hurra!«, zwitscherte Rosalinde.

»Wartet mal, wartet mal.« Der alte König runzelte die Stirn. »Wo habe ich denn bloß die Krone hingelegt? Wartet, gleich fällt's mir wieder ein! Hmm.«

Nachdenklich blickte er sich in dem großen Saal um.

»Da ist sie doch, Herr König!«, rief Olli und zeigte auf den Thronsessel. »Da, unter ihrem Thron!«

»Aaaach, ja!«, sagte der König erleichtert. »Du bist ein schlauer, kleiner Bursche. Wie war nochmal dein Name?«

»Olli«, sagte Olli und platzte fast vor Stolz. Und Julia war selber so glücklich und stolz, dass sie sich nicht darüber ärgerte.

Der König eilte die Throntreppe hinauf und zog die große Krone unter seinem Sessel hervor. »Hier!«, sagte er und reichte sie seinem Sohn. »Da hast du sie. Viel Spaß damit.«

Harry zögerte. »Und was ist, wenn mich meine Untertanen nicht wollen?«, fragte er besorgt.

»Sie wollen dich bestimmt!«, zwitscherte Rosalinde und strahlte Harry entzückt an.

»Ja, bestimmt!«, riefen die Heinzelmänner im Chor.

»Na gut, wenn ihr meint!«, sagte Harry und nahm die Krone entgegen.

Das bleiche Gesicht von Leo, dem Lügner, wurde krebsrot vor Zorn, als der Prinz sie sich auf sein struppiges Haar setzte.

»Nimm's doch nicht so tragisch, Leo«, sagte Melissa. »Du wärst sowieso ein miserabler König geworden.«

»Was machen wir denn jetzt mit ihm?«, fragte Jakobus. »Fällt jemand eine gute Strafe für ihn ein?«

Leo warf dem kleinen Erfinder einen fürchterlich finsteren Blick zu.

»Ich weiß was!«, rief Julia, und Leos finsterer Blick wanderte zu ihr. »Er muss die verfallenen Kalenderhäuser reparieren – die Wände streichen, die Löcher in den Dächern flicken und all so was. Und seine Wachen müssen ihm dabei helfen.«

»Das ist eine sehr gute Idee!«, rief der alte König. »Wirklich ausgezeichnet, liebe – äh – liebe – hm, ach ja, liebe Julia.«

»So was kann ich nicht!«, knurrte Leo, der Lügner.

»Du wirst es schon lernen«, sagte Harry. »Und was machen wir mit seiner Burg?«

»Die wird aufgegessen«, sagte Olli, »jedes Kind, das durch einen Kalender kommt, kriegt ein großes Stück.«

»Noch eine gute Idee!«, rief der König. »Ihr beiden seid wirklich zu schlau!«

»Blöde Bälger!«, murmelte Leo, aber keiner beachtete ihn. Nur Riesig hielt ihm drohend seinen großen Finger vor die Nase.

»Dann beschließe ich jetzt«, sagte Harry, »dass es von heute an in diesem Land keine Schokohäuser mehr geben wird, sondern nur noch richtige Kalenderhäuser!«

»Hurra!«, rief Jakobus und hüpfte so entzückt in die Luft, dass ihm die Perücke vom Kopf flog.

Leopold knirschte vor Zorn mit den Zähnen.

»Und außerdem«, fuhr Harry fort, »beschließe ich, dass Jakobus Jammernich, der Erfinder, mein Berater wird.«

Leo stöhnte vor Wut. Jakobus aber stülpte sich verlegen die Perücke auf den kahlen Kopf und verbeugte sich tief. »Danke schön, Harry«, murmelte er, »das ist wirklich eine sehr große Ehre.«

»Und als Letztes«, sagte der Prinz, »ernenne ich Julia und Olli, unsere ersten Gäste nach so langen Jahren, zu ewigen Ehrengästen. Und sie erhalten die Extraerlaubnis, an jedem Tag des Jahres zu Besuch zu kommen.«

Julia und Olli sahen sich voller Stolz an.

»Ich habe ja gewusst, dass du ein wunderbarer König wirst!«, rief Melissa und gab Harry gleich drei schmatzende Küsse.

Der ehemalige Prinz bekam knallrote Ohren. »Ich habe noch eine Bitte«, sagte er und räusperte sich verlegen, »ich möchte mich nochmal bei all meinen Untertanen vorstellen und sehen, ob sie mit ihrem neuen König zufrieden sind, bevor wir richtig feiern. Jakobus, würdest du mich herumfahren?«

»Aber natürlich!« Jakobus strahlte. »Allerdings

muss ich erst noch Julia und ihren Bruder nach Hause bringen.«

»Oje!«, sagte Julia. »Wie spät ist es denn?«

Riesig zog einen Wecker aus der Tasche und streckte dann sieben Finger in die Höhe.

»Sieben Uhr!«, rief Julia erschrocken. »Olli, wir müssen nach Hause!«

»Es kann sofort losgehen«, sagte Jakobus, »wer will noch mit?«

»Oh, bitte«, sagte der alte König ängstlich, »würde wohl jemand von euch hier bleiben? Ich habe nämlich keine Ahnung, wie ich das Krönungsfest vorbereiten soll!«

»Wir bleiben gern hier!«, riefen Melissa und Rosalinde.

»Wir auch!«, riefen Bill, Bob, Barney und Bert.

»Ach, da bin ich ja beruhigt!«, seufzte der alte Mann erleichtert und lächelte die sechs dankbar an.

»Und was machen wir mit Leo?«, fragte Rosalinde. Riesig hob den Fürsten am Kragen in die Höhe und malte mit dem Finger ein spitzes Haus in die Luft.

»Den bringt Riesig schon mal in eins der alten Häuser«, übersetzte Jakobus und zwinkerte dem

Riesen zufrieden zu. »Pass gut auf, dass er auch wirklich arbeitet.«

Riesig nickte und klopfte dem grimmig dreinblickenden Leo freundlich auf die Schulter.

»Gut!« Jakobus nahm Julia an der einen und Olli an der anderen Hand. »Dann wollen wir mal los.«

»Ich komme mit«, sagte Harry.

Sie winkten den andren nochmal zu, und dann liefen sie eilig aus dem Saal, die Treppen hinunter, durch all die leeren Gänge und Säle zurück, bis sie schließlich wieder vor dem Haupttor standen.

»Oh, es ist ja schon ganz dunkel!«, sagte Olli.

Über ihnen spannte sich der schwarze Himmel mit tausend blinkenden, glitzernden Sternen.

»Einsteigen!«, rief Jakobus. »Es geht nach Hause!«

»Wisst ihr, wie ich mich nennen werde, wenn ich König bin«, sagte Harry und kletterte auf einen der Sessel. »König Harry, der Hässliche! Wie findet ihr das?«

16. Kapitel

Die Rückkehr

Als Olli und Julia wieder auf Julias Bett landeten, war es neun Uhr und stockdunkel.

Allerdings war der Himmel vor Julias Fenster nicht halb so schön wie der im Kalenderland.

Er hing voller Wolken, und das Licht der vielen Straßenlampen malte ihn schmutzig grau.

Julia sah gleich auf ihren Wecker. »Oh, verdammt!«, sagte sie. »So spät schon!«

»Mann, war das ein Tag!«, sagte Olli und strahlte seine Schwester an.

»Aber was sagen wir jetzt bloß Mama und Papa?«, fragte Julia. »Die haben doch längst gemerkt, dass wir nicht bei Oma waren.«

Bevor Olli antworten konnte, ging die Tür auf, und zwei fassungslose Elterngesichter schauten herein. »Wo, zum Teufel, wart ihr?«, riefen die beiden im Chor, und Mama knipste das Licht an. »Wir haben uns solche Sorgen gemacht!«, rief sie und wusste scheinbar nicht, ob sie lachen oder weinen sollte.

Papa sah Julia und Olli völlig verdattert an. »Wie kommt ihr denn hier rauf?«, fragte er.

»Wir waren in Julias Kalender!«, sagte Olli.

»Red nicht so einen Blödsinn!«, sagte Mama wütend. »Wo wart ihr?«

»Wir waren in meinem Kalender«, sagte Julia. Mama und Papa warfen sich einen ratlosen Blick zu.

»Und wir sind alle eingeladen!«, rief Olli. »Zu Harrys Krönungsfest am nächsten Sonntag. Um elf Uhr.«

»Sie sind übergeschnappt!«, murmelte Papa und sah seine Kinder entsetzt an.

»Wir sind aber wirklich alle eingeladen«, sagte Julia. »Kommt mal her. Ich beweis es euch.«

Zögernd kamen die beiden näher.

»Seht mal in das dritte Fenster«, sagte Julia und stellte sich neben den Kalender. »Seht ihr?«

Ungläubig starrten ihre Eltern in Jakobus Jammernichs Küche.

»Da ist ein kleiner Mann mit silbernen Locken«, sagte Mama, »und er winkt uns zu.«

»Richtig!«, sagte Julia zufrieden. »Seht ihr, wir

lügen nicht. Das ist Jakobus, und der, der da hinter ihm am Tisch sitzt, seht ihr den?«

Mama und Papa nickten sprachlos.

»Das ist Harry«, erklärte Julia. »Prinz Harry. Aus dem wird am Sonntag König Harry, der Hässliche. Und wir sind alle eingeladen. Ihr auch!«

»Ich werde verrückt!« Papa stöhnte und kniff die Augen zu. Als er sie wieder öffnete, zwinkerte der kleine Mann mit den Silberlocken ihm zu.

Mama ließ sich aufseufzend zwischen ihre Kinder aufs Bett plumpsen. »Das müsst ihr jetzt erklären«, sagte sie. »Jetzt sofort. Sonst drehe ich durch.«

»Kein Problem.« Julia holte tief Luft. »Also, vor genau elf Tagen fing alles an …«

Ein *zauberhaftes* Abenteuer von Bestsellerautorin
Cornelia Funke

Der Winter kommt früher als erwartet. Keine guten Aussichten für drei hungrige Kobolde. Besonders, wenn sie sich am liebsten nur von Ravioli und Keksen ernähren würden. So stürzen sich Neunauge, Feuerkopf und Siebenpunkt in Abenteuer, um nicht zu verhungern. Als sie sich dann aber mit dem »weißen Kobold« anlegen, wird die Lage richtig brenzlig.

Cornelia Funke
Kein Keks für Kobolde
Mit farbigen Bildern
240 Seiten. Gebunden
ISBN 3-596-85147-5

Fischer Schatzinsel

fi 85147 / 1

Weihnachten feiern mit einem Klassiker

Weihnachten bei den Buddenbrooks: Am 24. Dezember empfängt die Konsulin Buddenbrook ihre Gäste. Ein riesiger Tannenbaum, wundervoll geschmückt mit Silberflitter und einem Engel an der Spitze, erfüllt den großen Saal mit seinem Duft. Hanno, der Jüngste der Lübeck'schen Kaufmannsfamilie, fiebert dem großen Augenblick der Bescherung entgegen. Wird sein größter Wunsch erfüllt werden?
Das berühmte Weihnachtskapitel aus dem Nobelpreis-Roman. Mit stimmungsvollen Vignetten und erläuterndem Nachwort.

Thomas Mann
Weihnachten bei den Buddenbrooks
Mit Vignetten
von Reinhard Michl
96 Seiten, gebunden

Fischer Schatzinsel

fi 85198 / 1

Drei Kinder und ein Stern

Die Kinder der Heiligen drei Könige wollen das Geheimnis des neuen Sterns ergründen und reisen heimlich ihren Vätern hinterher. In der Wüste begegnen sie einander und beschließen, gemeinsam weiterzureiten. Und tatsächlich gelingt es ihnen nach vielen Abenteuern, die heilige Familie zu finden. Eine vorweihnachtliche Abenteuergeschichte!

Luise Rinser
Drei Kinder und ein Stern
Mit Bildern von Hella Seith /
Umschlagzeichnung von
Edda Skibbe
Band 80716

Fischer Schatzinsel

Der Adventskalender
zum Vorlesen

Die 24 schönsten Weihnachtsgeschichten sind in diesem
Kalender zum Vorlesen versammelt: klassische und moderne,
besinnliche und spannende. Für jeden Tag im Advent eine –
und die lange Zeit bis Weihnachten vergeht im Nu. Katrin
Engelking hat dazu wunderbar stimmungsvolle Bilder gemalt.
Ein Augen- und Ohrenschmaus für Groß und Klein.

**24 Weihnachtsgeschichten
zum Vorlesen**
Herausgegeben
von Sophie Härtling
Mit farbigen Bildern
von Katrin Engelking
192 Seiten, gebunden

Fischer Schatzinsel

fi 85095 / 1

Hat ein Engel Flügel?

Es gibt vieles, was der Engel nicht weiß. Seit Jahrzehnten wohnt er in einem kleinen Tessiner Bergdorf und passt auf die Leute auf, die dort leben. Aber ist das wirklich seine Aufgabe? Der Engel ist sich da nicht sicher. Doch dann kommt Zola ins Dorf, das Mädchen mit den bunten Röcken und den schnippschnappigen Haaren. Und der Engel hilft Zola. Oder hilft Zola dem Engel?

Ein herzerwärmendes Buch – bewegend und heiter.

Sharon Creech
Wie Zola dem Engel half
Aus dem Amerikanischen
von Adelheid Zöfel
Mit Vignetten von
Nina Dulleck
ca. 176 Seiten, gebunden

Fischer Schatzinsel

Jetzt kann Weihnachten kommen

Die schönsten Winter- und Weihnachtslieder sind in diesem
handlichen Band versammelt: »ABC, die Katze lief im Schnee«,
»Schneeflöckchen, Weißröckchen«, »O Tannenbaum, o Tannenbaum«, »Lasst uns froh und munter sein«, »Morgen, Kinder,
wird's was geben«, »Es ist für uns eine Zeit angekommen«,
»Leise rieselt der Schnee«, »Alle Jahre wieder«, »Ihr Kinderlein
kommet« und viele andere. Annette Swoboda hat zauberhaft
stimmungsvolle Bilder dazu gemalt.

Das kleine Liederbuch
Winter- und Weihnachtslieder
Herausgegeben
von Catrin Frischer
Mit farbigen Bildern
von Annette Swoboda
32 Seiten, gebunden

Fischer Schatzinsel

fi 85199 / 1